AI와 PR 회사에서 일하기

인공지능총서

인공지능 시대입니다. 기계가 인간의 인지를 대신하고, 사물이 인간을 통하지 않고 다른 사물과 직접 커뮤니케이션합니다. 이에 따른 인간 삶과 문명 변화를 정확히 이해 · 예측 · 대응하는 것은 이 시대 우리 모두의 과제입니다. 인공지능총서는 인공지능 기술과 환경의 여러 주제를 10가지 키워드로 정리합니다. 관련 개념과 이론, 학계와 산업계의 쟁점, 우리 일상의 변화를 다룹니다. 인간과 기술의 현재, 미래를 세심히 분석합니다.

일러두기

- 인명, 작품명, 저서명, 개념어 등은 한글과 함께 괄호 안에 해당 국가의 원어를 병기했습니다.
- 외래어 표기는 현행 어문규정의 외래어표기법을 따랐습니다.

처음이세요?

전문가세요?

AI와 PR 회사에서 일하기

김병희

대한민국, 서울, 커뮤니케이션북스, 2025

AI와 PR 회사에서 일하기

지은이 김병희
펴낸이 박영률

초판 1쇄 펴낸날 2025년 10월 16일

커뮤니케이션북스(주)
출판 등록 2007년 8월 17일 제313-2007-000166호
02880 서울시 성북구 성북로 5-11
전화(02) 7474 001, 팩스(02) 736 5047
commbooks@commbooks.com
www.commbooks.com

ISBN 979-11-430-1380-4 03500

책값은 뒤표지에 표시되어 있습니다.

차례

AI가 바꾸는 PR 회사의 일

"태풍이 불면 어떤 이는 담을 쌓고, 어떤 이는 풍차를 단다." 태도의 차이를 설명할 때 쓰는 네덜란드 속담이다. 네덜란드 사람들은 모든 일이 태도에 달려 있다는 말을 하고 싶을 때 이렇게 말한다. 태풍을 위기로 인식한다면 담을 쌓아야겠지만, 에너지를 얻을 절호의 기회라고 여긴다면 풍차를 달아야 한다는 뜻이다(김병희, 2021). 우리는 "새 술은 새 부대에 담아야 한다"는 속담도 자주 쓰는데, 사실 『성경』에서 유래한 말이다. 예수님은 기존 체제와 충돌할 가능성이 있는 새로운 복음을 새 술에 비유해 제자들을 가르쳤지만, 나중에 그 비유가 일반화되어 변화를 새롭게 수용해야 한다는 속담으로 자리 잡은 듯하다. 복음 말씀의 원문은 이렇다.

"아무도 새 천 조각을 헌 옷에 대고 꿰매지 않는다. 헝겊에 그 옷이 당겨 더 심하게 찢어지기 때문이다. 또한 새 포도주를 헌 가죽 부대에 담지 않는다. 그렇게 하면 부대가 터져 포도주는 쏟아지고 부대도 버리게 된다. 새 포도주는 새 부대에 담아야 한다. 그래야 둘 다 보존된다"(마태오 9, 16-17).

복음서에는 세월이 지나도 절대 변하지 않는 진리가 담겨 있다. "새 술은 새 부대에 담아야 한다"는 속담을 문자 그대로 해석해 보자. 포도주를 새로 담그면 발효가 진행되는데 그 술을 헌 가죽 부대(술을 보관하던 당시의 가죽 주머니)에 담으면 발효 과정에서 부풀어 올라 부대가 터지거나 포도주는 쏟아질 수 있기에, 새 포도주는 새 부대에 담아야 둘 다 지킬 수 있다는 뜻이다. 디지털 시대에 급변하는 PR 산업 환경을 속담의 맥락에 적용해 보면, '새 술'은 인공지능으로, '새 부대'는 인공지능 도구와 기존의 PR 도구를 모두 지킬 수 있는 새로운 환경과 방법으로 대체할 수 있다.

PR 회사 비즈니스 모델의 전환

인공지능(AI) 기술이 PR 산업의 경계를 확장하는 시점에 우리는 지금 서 있다. PR 콘텐츠를 만들고, PR 메시지를 확산하고, 공중의 반향을 기획하는 PR인들은 '일머리의 혁신'을 요구받고 있다. 인공지능 시대의 생존 전략은 PR의 일머리를 바꾸는 데서 시작될 듯하다. PR 산업은 전통적으로 인간 중심의 산업이었다. 브랜드의 가치와 기업의 메시지를 설계하는 데서 인간의 직관, 언어 감각, 사회적 맥락에 대한 이해력은 PR인에게 무엇보다 중요한 덕목이었다.

하지만 2020년 이후부터 대화 위주의 생성형 인공지능 도구(ChatGPT), 이미지 생성형 인공지능 도구(Midjourney, DALL · E), 소셜 감성 분석에 최적화된 인공지능 도구(Brandwatch, Talkwalker), 자동화에 최적화된 인공지능 도구(HubSpot, Sprinklr)가 적극 도입되자, PR 산업계도 변화에 직면하게 되었다. 인공지능 기반의 소셜 리스닝 도구, 감성 분석 도구, 그리고 실시간 데이터의 시각화 도구도 PR 회사에서 본격적으로 활용되기 시작했다. 이제는 PR 메시지의 기획부터 배포와 분석에 이르기까지 PR 업무의 많은 부분이 자동화되자, PR인들은 보다 중요한 가치의 창출 문제를 고심하게 되었다. 인공지능의 도입과 활용으로 인한 PR 회사 비즈니스 모델에서 중요한 변화 양상은 다음과 같다.

첫째, PR 회사는 PR 기획 중심에서 데이터 중심으로 방향 전환을 시도하고 있다. 과거의 PR 기획에서는 PR 캠페인 기획자가 자기 경험과 판단에 따라 PR 전략을 수립하고 실행했다. 하지만 인공지능 도구를 활용하기 시작한 다음부터 PR인들은 인공지능이 알려주는 정보에 의지하며 공중 분석의 정밀화나 핵심어의 최적화를 시도했다. 따라서 앞으로 PR 전략의 출발점은 데이터 해석력이라 할 수 있으며, 사람의 경험이나 창의적 아이디어는 그 다음 순서로 밀릴 수밖에 없다.

둘째, PR 회사는 일방향의 콘텐츠 제작에서 쌍방향의 상호작용 콘텐츠를 설계하는 쪽으로 방향 전환을 시도하고 있다. 기존의 PR 콘텐츠를 보면, 보도 자료, 카드뉴스, 인터뷰 기사처럼 일방향의 메시지 위주로 구성됐다. 그러나 챗봇을 비롯해 다양한 생성형 인공지능 도구가 PR 산업계에 도입된 다음부터는 공중(고객)과의 쌍방향 커뮤니케이션도 가능해졌다. PR인들이 콘텐츠를 기획하고 실행하는 역량이 단순한 문서 작성을 넘어서 대화 설계와 경험 설계로까지 확장되고 있다.

셋째, PR 회사는 사람 중심의 연결망 비즈니스에서 기술 중심의 유통망 비즈니스로 구조를 재편하고 있다. 과거에는 PR 회사의 성과가 기자의 인맥, 보도 자료의 배포력, 행사의 운영 능력 같은 네트워크 역량에 따라 좌우됐지만, 디지털 시대에는 PR 회사의 성과가 검색 엔진 최적화(SEO: Search Engine Optimization)의 실행력과 정확도 또는 답변 엔진 최적화(AEO: Answer Engine Optimization)의 신속성과 맞춤형 답변 같은 알고리즘 역량에 따라 좌우된다. 인공지능은 PR 콘텐츠의 노출 극대화 순간을 실시간으로 알려준다. PR 회사의 경쟁력이 인간 관계망에서 기술 인프라로 이동한 것이다.

넷째, PR 회사는 직무 전문 조직에서 기능 융합 조직으로 전환하고 있다. 각종 인공지능 도구들은 광고와 PR 그리고 마케팅과 PR의 경계를 허물어 버렸다. 똑같은 PR 콘텐츠를 브랜드 이미지를 제고하려는 메시지로도 활용할 수 있고, 전환율 상승을 위한 메시지나 위기 대응을 위한 메시지로도 활용할 수 있다. 앞으로 PR인은 데이터 전문가이자 콘텐츠 디렉터이며 위기관리 전문가가 되어야 한다. 앞으로의 PR 회사는 기존처럼 전문화된 직무 전문 조직이 아닌, 유연한 기능 융합 조직을 갖춰야 한다.

다섯째, PR 회사는 결과 중심 평가에서 과정 중심 학습으로 전환하고 있다. 인공지능 도구는 PR 캠페인의 성과를 실시간으로 분석하는 강력한 도구지만, 동시에 '실패로부터의 학습'을 알려주는 선생님 같은 도구이기도 하다. 여러 PR 회사에서는 반복 실험이나 A/B 테스트 또는 실시간 피드백을 통해 PR 전략을 계속 조정하고 최적화시키는 식으로 업무 스타일을 바꾸고 있다. 이런 변화는 일회성의 PR 성과에 연연해하지 않고 '반복할 수 있는 학습 과정'을 중시하는 PR 회사의 새로운 업무 처리 방식이다.

PR인들이 인공지능 도구를 활용해 업무 효율성을 높이려면 조직 구조를 개편하고 PR 회사의 비즈니스 모델을 재정립해야 한다. 예컨대 PR 캠페인 기획자, PR 콘텐츠 크리에이터, 디지털 PR 전문가, PR 리서치 전문가, 인공지능 기술자가 함께 토론하며 일하는 하이브리드 조직을 구성하는 방안도 가능할 것이다. 나아가 중장기적 차원에서 PR 회사의 조직 구조를 혁신하기 위해 내부 조직의 인원 배치를 어떻게 재조정하고 어떤 분야에 집중적으로 투자할 것인지 구체적인 실행 방안도 마련해야 한다.

PR인에게 필요한 핵심 역량

분류 기준을 어떻게 설정하느냐에 따라 PR 직업의 다양한 영역이 있을 수 있다. PR인으로서 할 수 있는 일이 그만큼 다양하다는 뜻이다. 선행 연구에서는 PR인의 업무 영역을 10가지로 제시한 바 있었다. 즉, 언론 관계 전문가, 위기관리자, 온라인 · SNS PR인, 글로벌 PR인, 마케팅 PR인, 사내 소통자, 정책 홍보인, 퍼블릭어페어즈 전문가(조직 활동에 영향을 미치는 정치 · 경제 · 사회 · 문화적 환경 요인을 분석하여 정부 공공 정책 과정에 참여하는 사람), IR 전문가(기업 가치를 극대화하기 위해 투자자를 대상으로 소통 활동을 하는 사람), PI 전문가(오피니언 리더들의 퍼스널 브랜드를 만들어 내는 사람)가 연구자들이 제시한 PR 직업 10가지였다(김찬석 외, 2014).

그때까지만 해도 인공지능 도구가 PR 산업계에 미친 파급력은 거의 미미했다. 하지만 2016년 3월에 알파고(AlphaGo)가 이세돌에게 4승 1패로 승리한 다음부터 인공지능은 세계적 주목을 받았다. 2020년 이후 생성형 인공지능 도구가 PR 기획과 실행 및 분석 업무 전반에 깊은 영향을 미치게 되면서 PR 직업은 변화의 급물살을 타게 됐다. PR인들은 이전까지 해 오던 업무와 별도로 새로운 PR 기술과 업무 스타일을 익혀야 했고, 인공지능 도구를 활용해 PR 전략을 세우고 실행하는 융합 전문가로서의 자격을 갖춰야 했다. 앞으로 PR인들은 인공지능과 함께 어떻게 일하며 성장해 나갈 것인가? 결론부터 말하자면 앞으로 PR인들은 인공지능 도구를 단지 활용하는 데서 나아가 인공지능 기술과 함께 공진화(co-evolution)하며 자신의 PR 역량을 키워 나가야 한다. 디지털 시대의 PR인에게 필요한 핵심 역량은 크게 다섯 가지로 정리할 수 있다.

첫째, PR인은 자신이 맡은 일의 과정과 절차를 사전에 치밀하게 분석해야 한다. 인공지능 도구를 활용해 자신이 맡은 업무를 더 잘 하기 위해서는 그 일을 잘 할 수 있는 과정과 절차를 충분히 숙지해야 한다. 어떤 일은 10단계를 거쳐야 하고 어떤 일은 20단계를 거쳐야 끝난다. PR 실무에서는 일을 뭉뚱그려 처리하거나 내용과 맥락과 과정을 겉치레로 훑고 시행하기도 한다. 그럴수록 만족스러운 결과를 얻지 못할 가능성이 높다. 인공지능 도구를 활용할 때도 업무의 과정과 절차를 파악한 PR인은 좋은 성과를 내겠지만 그렇지 못한 경우에는 좋은 결과를 얻지 못할 것이다. 앞으로 PR인들은 PR 업무의 세세한 과정과 절차를 철저히 분석해 자기 것으로 만들어야 한다.

둘째, PR인은 논리적 사고력을 바탕으로 질문 설계력을 키워야 한다. 생성형 인공지능은 질문이 상세하고 구체적일수록 정교하고 정확한 답을 알려준다. 입력값이 좋으면 인공지능은 좋은 출력값으로 보답한다. 같은 자료나 정보를 가지고도 어떤 이는 그저 그런 결과물을 얻어내고 어떤 이는 기상천외한 결과물을 얻어낼 것이다. 따라서 PR인은 인공지능 도구에게 무엇을 어떻게 물어야 더 좋은 결과물을 얻을 수 있는지, 어떤 방식으로 정보를 추출하고 편집해야 보다 만족스런 대답을 얻을 수 있는지 숙고해야 한다. PR인이 뛰어난 프롬프트 설계자(prompt designer)가 되려면 디지털 리터러시 능력은 기본이고, 논리적 사고력과 섬세한 언어 감각을 길러야 한다.

셋째, PR인은 같은 데이터에서 다른 관점을 발견하는 데이터 해석 능력을 키워야 한다. 해석 능력을 키우려면 PR인 스스로의 감성 영역을 발견해야 한다. PR인의 감성 영역을 계발하면 위기관리 능력, 공감 능력, 윤리적 책임성이 빛날 것이다. 인공지능 도구가 모든 것을 해결할 수는 없다. 인공지능은 데이터를 충실히 제시해 줄 수는 있어도, 결과가 왜 그렇게 나왔는지는 해석하지 못한다. PR인은 데이터에 숨어 있는 사회적 맥락, 문화적 의미, 감정의 의미를 해석해 PR 전략에 반영해야 한다. 수치의 숨은 뜻을 해석할 줄 아는 사람만이 인공지능 시대의 PR 전략가로 성장할 수 있다. 앞으로 PR인은 데이터에 숨어 있는 '인간의 얼굴'을 발견하는 전문가가 되어야 한다.

넷째, PR인은 어떤 인공지능 도구 하나를 쓰는 데 집중하기보다 여러 도구를 조합하는 능력을 키워야 한다.

하나의 인공지능만 활용해서는 PR 캠페인을 성공적으로 수행하기 어렵다. 따라서 PR인은 PR 업무 전반을 꿰뚫어 보는 통찰력과 종합력을 바탕으로 자신의 필요에 따라 인공지능 도구를 적재적소에 활용해야 한다. 텍스트를 생성하는 챗지피티(ChatGPT), 이미지를 생성하는 미드저니(Midjourney), 퍼포먼스를 분석하는 브랜드워치(Brandwatch) 같은 도구를 자유자재로 활용하면 PR 업무의 성과가 높아질 것이다. 여러 인공지능 도구를 필요에 따라 적절히 활용하고 인공지능과 협업하는 능력이야말로 디지털 시대를 살아가는 PR인의 핵심 생존 기술이다.

다섯째, PR인은 학습자로서의 지속 가능성을 항상 유지해야 한다. 우리나라 PR 산업의 범위와 영역이 계속 확장되고 있는 상황에서, PR인은 변화하는 PR 산업 환경은 물론 새롭게 출현하는 인공지능 도구에 깊은 관심을 가져야 한다. 나아가 자신이 맡고 있는 PR 업무에 어떤 인공지능 도구가 현실적으로 도움이 되는지 탐색하고 연구하려고 노력하지 않으면 안 된다. 디지털 시대의 PR 전략 기획서를 보면 지속 가능성이란 말이 빠지지 않고 등장한다. 클라이언트의 브랜드 PR 활동에서만 지속 가능성이 중요한 게 아니라, PR인의 인생에서도 학습자로서의 지속 가능성이 중요하다. PR인 스스로 인공지능 도구를 익히려고 노력함으로써 자기 인생의 지속 가능성을 설계해야 한다.

PR의 개념과 PR인의 직무 재정의

미국PR협회(PRSA)는 PR의 개념을 이렇게 정의했다. "PR는 조직과 공중 사이의 상호 호혜적 관계를 구축하는 전략적 커뮤니케이션 과정이다"(PRSA, 2012). 과거의 PR 개념이 조직의 입장을 대변해 긍정적 이미지를 제고하는 활동이었다면, 디지털 시대의 PR 개념은 어느 누가 커뮤니케이션을 주도하지 않고 상호작용을 반복해서 서로 관계를 맺게 하는 공중 관계다(김병희 외, 2025). 또한 과거의 PR가 커뮤니케이션 메시지를 통제해 원하는 방향으로 공중을 관리할 수 있다고 전제했다면, 지금은 상호 통제가 어렵기에 서로 소통할 수 있는 환경을 만들어 주는 '과정'을 중시한다. PR의 본질은 결국 조직, 공중, 커뮤니케이션이라는 세 요소에 따라 전개되는 활동이라는 관점은(Grunig & Hunt, 1984), PR 산업의 모든 영역에서 인공지능 도구가 보편화되더라도 크게 달라지지 않을 것이다.

다만 PR 실무에서의 PR 전략이나 전달 기법은 크게

변할 수밖에 없다. 기존의 PR 전략에서는 '무엇을 말할 것인가'와 '어떻게 전할 것인가'를 중시했다면, 디지털 시대의 PR에서는 PR 메시지를 '어떻게 보여줄 것인가(How to show)'와 '어떻게 만져지게 할 것인가(How to be tangible)'의 문제가 정말 중요해졌다. 디지털 시대에 넘쳐나는 콘텐츠 중에서 공중 스스로가 직간접적으로 체험하고 공감하는 '만져지는(tangible)' PR 콘텐츠가 조직과 공중 사이의 상호 호혜적 관계를 구축할 수 있다는 뜻이다.

인간이 인공지능에게 지배당할 것인지 아니면 함께 공존할 것인지에 대한 논쟁은 이제 무의미해졌다. 사람이 해내기 어렵거나 시간이 많이 필요한 작업을 인공지능에게 맡기면 업무 생산성을 높일 수 있다. IBM의 최고경영자인 지니 로메티는 인공지능 시대에는 블루칼라도 화이트칼라도 아닌 '뉴 칼라(New Collar)' 계층이 떠오른다고 했다. 뉴 칼라란 인공지능을 이해하고 관리하고 활용할 줄 아는 사람이다. 인공지능을 활용하는 사람만이 앞으로 나아갈 수 있다는 뜻인데, 앞으로 PR의 미래는 조직과 공중 사이를 매개하는 인공지능 기술에 의해 좌우될 것이 분명해 보인다.

인공지능으로 인한 격변의 시기에 PR 회사의 실무자

와 예비 PR인에게 가장 중요한 질문은 이것이다. "나는 앞으로 어떤 역량을 갖춰야 살아남고 성장할 수 있을까?" 인간 지능(human intelligence)이 배제된 인공지능은 바보를 만드는 위험한 도구가 될 수 있다는 경고도 있었고, 인공지능은 어디까지나 도구에 불과하다는 주장도 타당하지만, 변화는 이미 시작되었고 선택은 PR인 여러분의 몫이다. 이제 인공지능은 PR 업무 전반을 바꾸는 데서 나아가 PR인의 직무를 다시 정의하고 더 넓은 가능성을 열어 주는 촉진자 역할을 하고 있다. 변화는 이미 시작되었고 변화의 발걸음은 좀처럼 멈추기 어려울 것이다. 인공지능 시대에 당신은 어떤 PR인이 되고 싶은가?

참고문헌

김병희(2021). "인공지능이 바꾼 광고 세상". 《디지털 시대의 광고 마케팅 기상도》, 29~44쪽. 학지사.

김병희 외(2025). "PR의 정의". 《디지털 시대의 PR 용어 300》, 125~127쪽. 학지사비즈.

김찬석 외(2014). 《PR 직업》. 커뮤니케이션북스.

Grunig, J. & Hunt, T.(1984). Managing Public Relations. Harcourt Brace College Publishers.

PRSA(2012). About Public Relations. https://www.prsa.org/about/all-about-pr

01
AI와 PR 캠페인 기획자

디지털 기술은 PR 업무를 바꾸고 있다. PR 캠페인 기획자는 PR 메시지를 목표 공중에게 효과적으로 전달하는 커뮤니케이션 흐름을 설계한다. 과거에는 경험과 직관에 따라 PR 기획을 시도했다면, 지금은 인공지능이 제공하는 데이터 기반의 PR 기획으로 진화하고 있다. 인공지능은 방대한 데이터를 처리하고, 사람의 능력으로는 불가능한 패턴 인식과 예측을 수행하며, PR 전략의 구조를 근본부터 바꾸고 있다.

기후 위기와 인공지능?

인간 중심에서 인공지능 협업으로

전통적으로 PR 전략 기획서의 흐름은 시장 조사, 타깃 분석, 메시지 기획, 콘텐츠 채널 설계, 성과 예측의 순서로 구성된다. 이 과정은 PR 캠페인의 성공 여부를 결정하는데 필요한 기초 작업이라, PR인의 경험이나 '감'에 의존해 유사한 캠페인 사례를 참고하는 경우가 많았다. 하지만 이제는 PR 전략을 수립하는 단계부터 인공지능 도구를 활용할 수 있어 PR 전략의 정교화, 예측의 정량화, 실행의 자동화를 모색할 수 있게 됐다. PR인들은 기획 단계에서부터 인공지능 도구와 협업해 실행 가능한 방안을 여러 개 마련해 가장 적합한 PR 전략을 선택한다. PR 캠페인 기획자와 인공지능이 협업할 수 있는 접점이 마련된 것이다.

인공지능 도구는 PR 기획의 모든 과정에 깊숙이 개입해 놀라울 정도로 구체적 정밀도를 보여준다. 과거에는 대체로 성별, 연령별, 직업별 같은 인구통계학적 특성에 따라 PR 타깃을 구분해 왔다. 이제는 소셜미디어 데이터, 검색 기록, 구매 이력, 소비 이력, 뉴스 반응 같은 비정형 데이터까지 분석하는 기계 학습 알고리즘을 통해 공중이나 소비자의 심리적 특성과 관심사까지 반영한 정교한 페르소나(persona)를 설계할 수 있다. PR 전략은 '누구에게 말할 것인가'를 결정하는 단계부터 출발할 텐데, 인공지능은 타깃을 분석하는 단계에서부터 놀라운 기능을 발휘한다.

예컨대, 허브스팟(HubSpot)과 델브(Delve)는 소비자 행동을 분석해 마케팅용 페르소나를 제시하며, 스프링클러(Sprinklr)는 소셜미디어 데이터를 정서 분석과 연동해 타깃의 감정을 반영하는 PR 메시지를 작성하도록 도와준다. 허브스팟은 콘텐츠를 생성하고 관리해 주는 콘텐츠 통합 관리 플랫폼이고, 델브는 데이터 기반의 고객 페르소나를 생성해 체험 기회를 제공하는 플랫폼이다. 스프링클러는 소셜미디어 데이터를 바탕으로 핵심어와 감정 분석 및 해시태그 연관성에 따라 타깃을 정의하는 소셜미디어 관리 솔루션이다. 이런 도구들을 활용하면 '20대 여성' 같은 모호한 페르소나가 아닌, '첨단 기술에 관심이 많고 지속 가능성 이슈에 반응하는 20대 초반의 도시 여성' 같은 구체적인 페르소나를 제시해 준다. 이렇게 되면 보다 세세하고 현실적인 공중 세분화를 할 수 있기에 PR 메시지를 정확한 타깃에게 최적화시켜 전달할 수 있다.

실패 줄이는 인공지능의 예측력

PR 캠페인의 효과를 예측할 때도 인공지능의 예측 도구를 활용하면 도움이 된다. 기존에는 어떤 메시지가 어떻게 수용될지 사전에 파악하기 어려워 PR의 성과를 정확히 예측할 수 없었지만, 최근에는 인공지능 도구로 캠페인의 기대 반응을 상당히 예측할 수 있다. 예컨대, PR인이 브랜드 모니터링 결과와 소셜 리스닝 서비스를 제공해 주는 브랜드워치(Brandwatch)의 예측(predict) 기능을 활용해 PR 메시지에 대한 소셜미디어 반응을 예측할 수 있다. 예측 결과에 따라 PR 캠페인을 실행한다면 위기의 징후를 사전에 조정하는 메시지를 재구성하고 뉴스 보도의 흐름과 추이를 가늠할 수 있다.

나아가 인공지능 도구를 활용해 뉴스 확산의 패턴을 분석하고 언론 보도의 가능성이나 잠재적 논란 요소까지도 사전에 예측할 수 있다. PR 캠페인 기획자는 단지 PR 메시지를 구상하는 데서 머무르지 않고, 과학적 예측을 바탕으로 PR 전략의 총괄적 기획자라는 역할을 맡게 되는 것이다. 특정 메시지가 어떤 반응을 일으킬 것인지, 언론 보도는 어떻게 전개될 것인지, 소셜미디어에서 어떤 쟁점이 확산될 조짐이 있는지 사전에 예측하는 PR 캠페인 기획자는 그렇지 않은 기획자에 비해 성공한 PR인으로 자리매김할 가능성이 높다.

또 다른 인공지능 도구인 스프라우트 소셜(Sprout Social)을 활용하면 어떤 콘텐츠가 공중에게 얼마나 반향을 일으킬지 예측할 수 있기에, PR 캠페인의 실행 시점을 조정하는 데 상당한 도움이 된다. 스프라우트 소셜은 고객의 메시지 관리에 최적화된 소셜미디어 통합 관리 솔루션으로, 어떤 브랜드의 팬과 고객 및 팔로워가 제기한 모든 의견을 하나의 스마트 인박스(Smart Inbox)에서 처리한다. 이 인공지능 도구는 PR 메시지의 수정, 실행 시점의 변경, PR 핵심어의 재배열 같은 전략적 판단을 사전에 예측해주기 때문에 실패할 위험을 대폭 줄일 수 있다는 장점이 있다.

단일 설계자에서 융합 기획자로

PR 전략을 수립하는 과정에서 인간의 감각과 경험은 여전히 중요하다. 사회적 정서, 문화적 맥락, 현장의 미묘한 분위기는 인공지능이 쉽게 파악하지 못한다. 그렇지만 공중의 복합적 반응을 수치화하고, 소통 실패의 반복되는 패턴을 기억하고, 정보를 실시간으로 조합하는 역량은 인간에 비해 인공지능이 훨씬 뛰어나다. 그렇다면 인간 PR 캠페인 기획자의 직관과 통찰력은 더 이상 불필요한 것일까? 그렇지 않다. 인공지능은 과거의 데이터를 바탕으로 판단하기 때문에, '지금 그리고 여기'에서의 현실이나 문화적 정서를 완전히 반영하지 못한다는 본질적 한계가 있다.

지금 여기에서 벌어지고 있는 위기 상황에서 공중의 감정 반응을 고려해 PR 메시지를 섬세하게 조정하려면 PR인의 직관과 통찰력을 발휘해야 한다. 반면에 급변하는 쟁점에 대한 데이터를 실시간으로 수집해 전개 양상을 예측하는 것은 인공지능의 독보적 영역이다. 이처럼 인간의 직관과 인공지능의 데이터 종합력을 유기적으로 결합하는 하이브리드 전략은 PR 캠페인의 실행 과정에서 최적의 해법을 제시할 수 있다. 인공지능은 과거에 실패했던 메시지의 패턴을 학습해 인간이 놓칠 수 있는 위험 요소를 사전에 알려준다(Anani-Bossman, Nutsugah, & Abudulai, 2024). 앞으로 PR 캠페인 기획자는 단일 캠페인의 설계자에 머물러서는 안 되며, 인공지능이 제시하는 자료를 해석해 인간적 감성을 반영하는 '융합 기획자'로 진화해야 한다.

숙련도에 따른 기획자의 역량

디지털 시대의 PR 캠페인 기획자는 인공지능 숙련자 대

비숙련자라는 두 집단으로 나눌 수 있다. 글로벌 PR 기업 에델만은 PR 기획 부서에서 인공지능 데이터를 분석할 수 있는 직원이 전년도에 비해 23% 높은 캠페인의 성과를 달성했다고 보고했다. 미국의 PR 기업 웨버샌드윅은 내부의 PR 캠페인 기획자를 두 집단으로 나눠 클라이언트의 과제를 똑같이 맡겨 실험했다. 실험 결과, 인공지능 도구를 두루 활용한 집단이 활용하지 않은 집단에 비해서 콘텐츠의 도달률, 기사의 게재량, 캠페인의 클릭률에서 평균 35% 이상이나 높은 성과가 나타났다. 두 가지 사례는 인공지능 도구를 다루는 숙련도가 PR 캠페인의 성과 달성에 직접 영향을 미친다는 시사점을 남겼다.

인공지능 도구를 숙련되게 다루는 PR 캠페인 기획자는 페르소나 설계, 콘텐츠 배치, 위기 대응 분석에 이르기까지, 전략 수립의 정교함과 속도 측면에서 탁월한 성과를 나타낼 가능성이 더 높다. PR 캠페인 기획자가 인공지능 도구를 숙련되게 다루면 반복적인 업무를 자동화시켜 시간을 절약할 수 있고, 예측 기반의 PR 캠페인을 기획함으로써 반응률을 높일 수 있다. 이들은 델브(Delve)나 챗지피티를 활용해 스토리텔링의 구조를 체계적으로 설계하고, 스프링클러나 브랜드워치를 활용해 이슈의 확산 가능성을 예측할 수 있다. 나아가 노션

(Notion)이나 재스퍼(Jasper) 같은 인공지능 도구를 활용해 PR 콘텐츠를 반복적으로 생성할 수도 있다.

반면에 인공지능 도구에 익숙하지 않은 PR 캠페인 기획자는 여전히 전통적 기법으로 공중을 분석하거나 자신의 경험과 직관에 따라 PR 메시지를 결정할 가능성이 높다. 인공지능 도구를 활용하는 데 능숙하지 않은 PR 캠페인 기획자는 여전히 핵심어 분석이나 스왓(SWOT: 강점, 약점, 기회 요인, 위협 요인) 분석을 하는 데 많은 시간을 쓸 것이며, 자신이 결정한 PR 메시지의 문제점을 간과할 수도 있다. 어떤 경우에는 타깃 설정을 애매하게 해서 성과를 분석하기 어렵다거나, 급변하는 미디어 환경에서 타깃 공중의 감정 변화나 관심사를 놓치는 경우도 발생할 것이다. 만약 PR 캠페인의 실행 시점을 놓치고 PR 메시지의 정밀도가 떨어진다면 PR의 성과도 좋지 않을 가능성이 높다.

창의적 사고와 비판적 사고

PR 캠페인 기획자는 조직의 명성과 공중 간의 관계를 관리하고 조율하는 소통의 설계자다. PR 캠페인의 목적을 설정하는 데서부터 시작해, 목표 공중을 정의하고 PR 메시지를 도출하고, PR 효과를 분석하는 데 이르기까지,

PR 기획자는 모든 과정에 관여해 판단하고 조정한다. 과거에는 이 과정을 경험과 직관에 크게 의존했으나, PR인들이 인공지능 도구를 활용하기 시작하면서부터는 인공지능이 PR 전략 수립과 실행의 모든 단계에 결정적인 영향을 미치고 있다. 따라서 앞으로 PR 캠페인 기획자는 인공지능을 이해하고 활용하는 능력을 필수 역량으로 갖춰야 한다.

이제, PR 캠페인 기획자는 이전까지 해 오던 업무 스타일을 넘어서, 데이터를 읽고 해석하는 역량을 키워야 한다. 인공지능은 단순한 보조 수단이 아닌, PR 캠페인 기획의 본질을 바꾸는 기술이다. 데이터 기반의 분석과 예측, 타깃 세분화의 정밀화, 반복 작업의 자동화는 PR 캠페인 기획자의 역할을 창의적 사고를 겸비한 기술 해석자로 바꿔줄 것이다. 인공지능은 이제 PR인의 똑똑한 동료가 되었다. 그 동료와 친하게 지내는 정도가 PR의 성과를 결정하는 핵심 요인이 될 것이다. 앞으로 PR 캠페인 기획자는 인공지능과 협업할 수 있는 능력과 윤리적 판단력을 두루 갖춘 '하이브리드 형'의 인재로 진화해야 한다.

하지만 PR인들이 인공지능에 과도하게 의존하면 사고력을 키우는 과정의 중요성을 빼앗겨 'PR 감수성'이 퇴

보할 가능성이 크다. 인공지능 도구가 생성하는 PR 콘텐츠가 넘쳐흘러도, PR인에게 옥석을 가려낼 눈썰미가 없다면 쓰레기 더미에 불과하다. 디지털 시대의 DNA(Data, Network, AI)에 주목해 인공지능 도구를 잘 활용해야겠지만, 사고 과정이 생략된다면 모두 빈껍데기일 뿐이다. 디지털 시대에 접어들어 창의적 사고(creative thinking)와 비판적 사고(critical thinking)가 더 중요해진 이유도 그 때문이다(김병희, 2024). 모든 일을 인공지능에 맡기면 PR인의 소중한 자산인 직접 경험이 송두리째 생략돼 버리니, 앞으로 PR 캠페인 기획자는 인공지능 도구와 가깝지도 멀지도 않은 불가근불가원(不可近不可遠)의 관계를 유지하며 인공지능을 슬기롭게 활용하는 지혜를 발휘해야 한다.

참고문헌

김병희(2024). "AI가 바꾸는 광고PR 카피라이팅". 《AI가 바꾸는 광고와 PR: 기획부터 윤리까지》, 121~156쪽. 이프레스.

Anani-Bossman, A. et al.(2024). Artificial Intelligence in Public Relations and Communication Management: Perspectives of Ghanaian Professionals. *Communicare: Journal for Communication Studies in Africa, 43*(1), pp.3~13.

02
AI와 PR 콘텐츠 크리에이터

PR 산업계에서 콘텐츠는 메시지를 실현하게 하는 핵심 수단이다. 아무리 PR 전략이 뛰어나도 실행 콘텐츠가 공중의 공감을 유발하지 못한다면 무용지물이다. 과거에는 캠페인 기획자가 콘텐츠를 직접 만들어 수정을 반복했다면, 지금은 인공지능이 콘텐츠 생성의 속도와 품질을 바꾸고 있다. PR 콘텐츠 크리에이터는 이제 인공지능을 활용해 다양한 스타일의 PR 콘텐츠를 생성해 높은 반응률을 기대할 수 있게 됐다.

노래하는 AI 보컬?

PR 콘텐츠의 자동 생성

PR 전략이 PR 캠페인 실행의 뼈대라면 PR 콘텐츠는 PR의 얼굴이다. PR 전략이 아무리 정교해도 공감할 만한 콘텐츠가 없다면 공중의 마음을 움직일 수 없다. PR 산업계에서 콘텐츠 제작은 오랫동안 노동 집약적 영역이었다. 보도 자료를 다듬거나 블로그에 의견을 올리고 소셜미디어 메시지를 매번 새로 구상하는 과정은 효율성이 떨어지고 확장성도 낮았다. PR 산업계에서는 이런 문제를 해결하기 위해 인공지능 도구를 도입해 업무 여건을 개선해 왔다.

인공지능 도구는 글을 써주는 수준을 넘어 기획, 생성, 수정, 테스트, 최적화에 이르기까지 모두 자동화하는 형태로 진화했다(Vasilj et al., 2023). PR 콘텐츠는 일정한 구조와 패턴을 가지기 때문에 인공지능 도구를 활용하면 훌륭한 초안을 얻을 수 있다. 인공지능 도구는 블로그의 글, 보도 자료, 소셜미디어 PR 문구, 이메일 뉴스 레터에 이르기까지 PR 콘텐츠의 기획부터 생성, 수정, 테스트, 최적화를 위한 반복 개선이라는 전 과정을 빠르게 처리하도록 도와준다. 인공지능에 의한 콘텐츠 자동화는 단순한 문장 생성이 아니다. PR인들이 특정 핵심어나 PR 콘텐츠의 목표를 인공지능에게 주문하면, 인공지능은 곧바로 다양한 PR 콘텐츠를 생성해 준다.

예컨대, PR 회사가 운영하는 클라이언트의 블로그를 개선하려고 "MZ 세대를 대상으로 친근한 톤의 지속 가능성 관련 콘텐츠"를 요청하면, 인공지능 도구는 검색 엔진 최적화(SEO)에 필요한 핵심어를 비롯해 글 머리표, 소제목, 핵심 내용에 이르기까지 자동으로 생성해 준다. 소셜미디어에 올릴 PR 콘텐츠는 카피에이아이(Copy.AI)를 비롯해 라이트소닉(Writesonic) 같은 인공지능 도구를 활용하면 짧고 강렬한 PR 메시지를 여러 가지 스타일로 생성해 준다. 필요하다면 어떤 PR 메시지가 더 효과적인지 알 수 있는 A/B 테스트도 할 수 있다.

여기에서 PR인이 주목해야 할 변화는 검색창에 키워드를 입력하는 검색의 시대가 점점 저물고 있다는 사실이다. 답변 엔진 최적화(AEO)의 시대가 이미 시작됐다. 답변 엔진 최적화란 검색 엔진 최적화(SEO)의 진화된 형태로, 사용자 데이터를 활용해 고객 맞춤형의 답변 서비스를 즉시 제공하는 인공지능 에이전트다. 검색 결과를 보여주는 기존의 방식과 달리, 사용자가 질문했을 때 정확하고 즉각적인 답변을 제공하는 것을 목표로 최적화하는 방식이다(Eland, 2025). SEO에서 트래픽을 유도하는 긴 콘텐츠가 필요했다면, AEO에서는 챗GPT를 비롯한 생성형 인공지능을 활용하는 사람들이 물었을 때 답변이 채택될 수 있는 짧고 직접적인 콘텐츠가 필요하다. AEO에서는 음성 답변도 종합할 수 있도록 시스템에 최적화된 콘텐츠를 제공하는 데 중점을 둔다. 따라서 앞으로는 PR인의 역량이 고객에 관한 데이터를 적극적으로 수집하고 분석해 사용자의 질문에 명확하고 즉각적인 답변을 제공하는 AEO의 가능성을 높이느냐 그렇지 않으냐에 따라 결정될 수도 있다.

콘텐츠 생성 도구의 장단점

PR 콘텐츠 크리에이터가 활용할 수 있는 콘텐츠 생성 도구는 많으니, 필요에 따라 장단점을 비교해서 골라 쓰면 된다. 챗GPT, 재스퍼, 라이트소닉, 카피.에이아이, 겟지니, 노션, 뤼튼, 카피스미스, 하이퍼클로바X, 라이터, 애니워드, 라이팅젤 같은 것들이 우리나라 PR인들이 자주 쓰는 인공지능 콘텐츠 생성 도구다. 이 도구들은 기존에 축적된 텍스트 데이터를 학습해 PR 콘텐츠 크리에이터의 요청에 알맞게 콘텐츠를 자동적으로 생성해 준다. 주요 인공지능 콘텐츠 생성 도구들은 다음과 같다.

챗GPT(Chat GPT)는 글, 문장, 오디오, 이미지 같은 기존의 데이터를 바탕으로 전체를 설명하는 데 필요한 요소인 매개 변수를 활용해 자연어처리(NLP) 방식으로 콘텐츠를 생성해 주는 인공지능이다. 대화형 프롬프트에 질문을 입력해서 블로그와 이메일 및 보도 자료 초안을 작성할 수 있다. 챗GPT는 유연한 스타일을 적용해 콘텐츠를 생성할 수 있지만 정보의 최신성을 반영하는 데는 다소 미흡하다.

재스퍼(Jasper)는 마케팅 PR 활동에 최적화된 템플릿을 다수 보유하고 있어 PR 캠페인의 메시지, 블로그 메시지, SEO 콘텐츠를 작성할 때 유용하다. PR 캠페인 기획자가 요청하는 지침을 효율적으로 반영함으로써, PR 메시지의 느낌과 방식(tone & manner)을 조절할 수 있고, 콘텐츠 템플릿을 50개 이상 제공하며, 다국어의 호환성도 뛰어나다. 하지만 한글 콘텐츠의 세련미는 다소 떨어진다.

라이트소닉(Writesonic)은 SEO에 맞춰 콘텐츠 마케팅에 필요한 각종 PR 콘텐츠를 빠르고 효율적으로 생성해 주기 때문에 PR 콘텐츠 크리에이터의 시간과 노력을 절약해 준다. 긴 형식의 콘텐츠를 생성하거나 문법을 자동적으로 수정하는 기능도 탁월하다. 짧은 시간에 상당한 수준의 PR 메시지를 쓸 수 있고 다국어를 지원한다는 강점도 있지만 문체를 고급 수준으로 유지하는 데는 한계가 있다.

카피.에이아이(copy.AI)는 한국어를 지원하지는 않지만 자동적으로 영문을 생성해 준다. 따라서 글로벌 브랜드의 PR 캠페인을 전개할 때 영문 보도 자료를 작성하거나 콘텐츠를 기획하는 과정에서 많은 도움이 된다. 유료 서비스에 가입하면 25개 언어를 지원하는 이 도구는 SNS 문구 같은 짧은 PR 콘텐츠를 생성할 때 탁월한 기능을 발휘한다. 그러나 맥락을 자연스럽게 넘나드는 연결성은 약간 떨어진다.

겟지니(GetGenie)는 언론사에 보낼 보도 자료와 PR 메시지를 비롯한 다양한 글을 생성해 준다. 겟지니에는 37개 이상의 글쓰기 템플릿이 있기에 다양한 보도 자료를 얻을 수 있다. PR 콘텐츠 크리에이터는 글쓰기 유형을 간략히 설명하기만 하면 된다. PR 콘텐츠 크리에이터는 인공지능 콘텐츠 작가인 겟지니를 활용해 다양한 PR 콘텐츠를 작성하고, 캠페인 기획에 필요한 각종 데이터를 얻을 수도 있다.

이 밖에도 노션(Notion) 인공지능은 스크립트를 생성하고 아이디어나 회의록을 정리하거나 브레인스토밍을 할 때 유용하며 요약 기능이 탁월하지만, PR 메시지의 느낌과 방식(tone & manner)을 조절하는 데는 한계가 있다. 뤼튼(wrtn)은 한국어 맞춤형의 글쓰기 도구로 핵심어를 입력하면 원하는 글을 써주는 콘텐츠 생성 플랫폼이다. 나아가 카피스미스(CopySmith)는 PR 캠페인 기획자가 홍보 영상을 기획할 때 주목할 만한 헤드라인, 태그라인, 보디카피를 생성해 준다. 또한 네이버의 하이퍼클로바X(HyperCLOVA X)는 핵심어만 간단히 입력해도 블로그 포스팅부터 이메일 작성과 보도 자료 작성까지 PR 콘텐츠를 생성해 준다. 라이터(Rytr)는 40가지 이상의 카피 스타일을 제공하며 스토리 형식의 PR 콘텐츠를 생성하는 데서 뛰어난 기능을 발휘한다. 애니워드(Anyword)는 PR 메시지의 효과를 추정하는 '예측 성능 점수' 기능이 탁월하다. 국내에서 개발한 라이팅젤(writing and lighting gel)은 블로그 글쓰기를 비롯한 19가지 서비스를 제공하며 PR 콘텐츠 크리에이터의 글쓰기 완성도를 높여준다(김병희, 2025).

PR 콘텐츠 크리에이터는 콘텐츠 생성 도구 중에서 자신의 스타일에 맞는 하나를 선택해도 되고 둘 이상을 써도 무방하다. 콘텐츠 생성 도구를 활용하면 PR 콘텐츠를 생산하는 속도와 유연성을 크게 높일 수 있다. 인공지능 도구를 활용하면 시간을 절약하고 여러 버전의 PR 콘텐츠를 얻을 수 있고, PR 콘텐츠의 문체나 스타일을 비교할 수 있다는 장점이 있다. 그러나 인공지능은 사실의 확인이나 문화적 맥락의 민감성 판단은 물론 감정적 표현에 약하기 때문에, PR 콘텐츠 크리에이터는 자신의 경험이나 주변의 감수를 바탕으로 인공지능이 생성한 콘텐츠의 타당성 여부를 판단해야 한다.

콘텐츠 스타일과 문체 일관성

PR 콘텐츠 크리에이터는 인공지능을 활용해 정보 제공형, 감성 공감형, 위트 유발형, 캠페인 촉진형 같은 다양한 스타일의 PR 콘텐츠를 생성할 수 있다. 인공지능은 다양한 문체를 모방할 수도 있고, 입력된 프롬프트에 따라 PR 메시지의 느낌을 바꿀 수 있다. 따라서 같은 클라이언트나 동일한 브랜드의 PR 콘텐츠에서 자주 쓰는 고유한 언어 스타일을 일관되게 유지하고 싶다면, 사전에 메시지 느낌의 지침이나 '스타일 프롬프트 템플릿'을 개발해 설정하면 기대 이상의 효과를 볼 수 있다.

문체의 일관성을 유지하려면 프롬프트 구조의 통일성, 대표 문장의 패턴 제공, 불용어 처리 규칙에 대해 설정해야 한다. 예컨대, 어떤 클라이언트의 모든 콘텐츠에서 "~입니다. ~해 보세요!"로 끝나는 문체를 유지한다고 할 때, 이 규칙을 인공지능 도구에게 명확히 제시해야 일관된 문체의 PR 콘텐츠를 계속 얻을 수 있다. 따라서 PR 콘텐츠 크리에이터는 자신이 원하는 콘텐츠 스타일을 지정해서 인공지능 도구에게 그런 스타일로 써달라고 구체적으로 주문(prompt engineering)해야 한다.

예컨대, "따뜻하고 희망적 문체, 친근한 존댓말 사용, 약간의 유머 추가"라는 PR 메시지의 지침을 제시하고, "150자 이내의 인스타그램 소개 문구를 작성하되 해시태그 3개 포함" 같은 지시문을 프롬프트 템플릿에 제시하면 된다. 이와 같은 콘텐츠 스타일을 인공지능 도구의 프롬프트 템플릿에 반복 입력하면 문체의 일관성이 크게 향상된다. 이 밖에도 보도 자료나 전문 블로그용 PR 콘텐츠에서는 정보형으로(사실 기반, 신뢰 강조), 브랜드 캠페인용 PR 콘텐츠에서는 감성형으로(공감 유도, 이야기 중심), 소셜미디어용 바이럴 PR 콘텐츠에서는 유머형으로(위트 있는 톤, 참여 유도), 정책 PR 콘텐츠에서는 권위형(신뢰 강조)으로 작성하라는 지침을 제시할 수도 있다.

PR 콘텐츠의 사전 학습 전략

PR 콘텐츠 크리에이터가 PR 콘텐츠의 느낌을 인공지능 도구에게 미리 학습시키면 PR 캠페인의 성과가 달라진다. 인공지능 도구는 훈련받은 언어 모델을 바탕으로 작동하지만 PR 캠페인의 목표나 기획 의도에 알맞게 최적화 학습을 시켜야 한다(Wirtz et al., 2018). 인공지능 도구가 효과적인 PR 콘텐츠를 생성하게 하려면 콘텐츠의 기존 스타일, 핵심 메시지, 금기 핵심어, 문장 구조를 인공지능에게 미리 학습시켜야 한다. PR 콘텐츠의 사전 학습 전략은 다음과 같은 세 가지가 있다.

첫째, 기존 콘텐츠의 예시를 입력한다. PR 콘텐츠 크리에이터는 기존 블로그, 기존의 보도 자료, SNS 문구 같은 5~10건의 예시를 인공지능 도구에 입력해 인공지능이 문체와 스타일을 모방하고 학습하도록 유도해야 한다. 어떤 PR 회사는 재스퍼에게 공공기관의 보도 자료 30건을 입력해 기존의 문체를 학습시켰고, 이를 바탕으로 인공지능 도구가 초안을 생성해 주면 PR 실무자가 검토하는 구조로 전환했다. 이 방식은 보도 자료 작성 시간을 평균 40% 단축했다. PR 실무자는 문법을 약간 수정한 것 외에는 손볼 필요가 없었다고 평가했다. 반복 학습은 인공지능 비서를 더 똑똑하게 만든다.

둘째, 느낌(tone)의 지침을 문서화한다. PR 콘텐츠 크리에이터는 어떤 말투(존댓말, 반말), 어떤 어조(친근함, 권위), 어떤 핵심어를 허용하거나 금지하는지 명확한 지침을 제시하며, 인공지능 도구가 초안을 생성할 때마다 "좀 더 부드럽게", "유머 추가", "감정 강조" 같은 요구 사항을 계속 주문해야 한다. 어떤 PR 회사는 "20~30대 여성을 대상으로 부드럽고 감성적 톤으로"라는 가이드라인을 제시하며, 플라스틱 줄이기 캠페인을 소개하는 인스타그램 문구 3개를 생성해달라고 요청했다. 챗GPT는 "문구는 부드럽고 감성적인 느낌으로 120자 이내이며 해시태그 포함"이라고 주문한 대로 응답했다.

셋째, 프롬프트 템플릿을 공유한다. PR 회사에서 자주 쓰는 문체, 형식, 느낌(tone)에 대한 프롬프트 템플릿을 팀 단위로 전체가 공유한다면 훌륭한 PR 성과를 얻을 수 있다. 통일된 프롬프트 템플릿은 마치 인공지능 협력자를 곁에 두는 것과 같다. 어떤 PR 회사는 클라이언트의 블로그를 운영하며 매월 12개의 콘텐츠를 생산해야 했다. 전에는 팀원 3명이 매일 각각 다른 글을 작성했으나, 프롬프트 템플릿을 공유한 다음부터는 전체 글의 초안을 노션(Notion)에게 맡기고 PR인은 검토와 수정만 진행했다. 결국 콘텐츠 제작 시간은 평균 37% 감소했고 월간 트래픽은 기존에 비해 1.5배 증가했다.

인간과 인공지능의 협업이 PR 콘텐츠의 경쟁력을 만들어 낸다. 인공지능은 콘텐츠 제작의 자동화, 실험적 다양성의 확보, 문체의 일관성 유지, 반응률의 최적화를 가능하게 하는 혁신적 도구다. 그러나 PR 콘텐츠의 본질은 여전히 맥락, 감정, 진정성에 있다. 적절한 방향 설정과 감정 조율이 더해질 때 어떤 PR 콘텐츠가 비로소 공중으로부터 설득력을 얻게 될 것이다. 따라서 PR 콘텐츠 크리에이터는 맹목적으로 인공지능에만 의존하지 말고, 인간에게 PR 메시지를 배우는 학습자라는 성격에서 인공지능 도구를 활용해야 한다.

인공지능은 이제 단순한 보조 도구를 넘어서 '공동 창작의 협력자'로 진화하고 있다. PR 콘텐츠 초안 작성은 인공지능 도구에게 맡기고, PR 콘텐츠 크리에이터는 반응률 높은 PR 메시지를 골라내 수정하고 PR 캠페인 기획자와 토론해 최종적인 메시지를 결정하면 된다. 인공지능이 만들어 주는 PR 콘텐츠가 정답이 아니라는 사실을 항상 잊지 말아야 한다. PR 콘텐츠의 품질은 인공지능 기술에 인간의 감각을 어떻게 입히느냐에 달려있다. 인공지능이 공동 창작의 협력자로 진입한 시대에 PR 콘텐츠 크리에이터는 콘텐츠 창작의 책임자이자 인공지능 도구의 동료로서 책무를 다할 때, PR 캠페인의 성공을 기대할 수 있다.

참고문헌

김병희(2025). 《광고 카피 빛내 주는 AI》. 커뮤니케이션북스.

Eland, F.(2025). *AEO Answer Engine Optimization: How to Optimize for SEO, AI Search, Google SGE, Featured Snippets & Voice Assistants*. Lulu Press.

Vasilj, D. et al.(2023). Artificial Intelligence in Marketing and Public Relations of Business Organizations. *South Eastern European Journal of Communication, 5*(2), pp.61~69.

Wirtz, B. W. et al.(2018). Artificial Intelligence and the Public Sector: Applications and Challenges. *International Journal of Public Administrations, 42*(7), pp.596~615.

03
AI와 디지털 PR 전문가

디지털 PR는 모든 PR 활동의 중심축이 되었다. 과거에는 언론관계가 중요했다면 지금은 디지털 플랫폼이 핵심 채널이다. 인공지능 도구를 활용하면 PR 콘텐츠의 기획, 생성, 배포, 성과 분석의 방법도 달라지며 효율성도 높아진다. 디지털 PR 전문가는 PR 전략의 기획자이자 PR 콘텐츠의 생산자이며 PR 기술의 사용자다. 인공지능 도구를 활용하면 디지털 PR 전문가의 역할과 플랫폼별 PR 캠페인의 기획도 달라진다.

인공지능과 편향?

디지털 PR 전문가의 역할 변화

디지털 PR 전문가는 인공지능 도구를 잘 다루는 사람 같지만 실제로는 콘텐츠 생성에 더 많은 시간을 투입한다. 플랫폼 특성에 적합한 콘텐츠를 생성하기 위해서다. 인공지능은 PR 콘텐츠를 어떤 플랫폼에 어떻게 어떤 시점에 노출해야 효과적인지 알려주는 전략적 파트너가 되었다(Nah et al., 2023). 디지털 PR 전문가는 PR 콘텐츠를 배포하는 역할에만 집중하면 안 된다. 디지털 채널의 특성을 고려해 PR 메시지를 기획하고, PR 활동의 성과를 측정하고 시각화하는 종합적 기획자로 진화해야 한다.

디지털 PR 전문가가 인공지능 도구에 지나치게 의존한 탓에 디지털 PR 활동에서 오히려 역효과를 초래한 사례도 있다. 기술에 과도하게 의존한 나쁜 결과다. 인공지능 도구를 오용한 탓에 실패한 PR 사례를 살펴보자. 미국에서 어떤 의류 브랜드는 인공지능 도구가 생성해 준 '흑인 역사의 달(Black History Month)'이라는 부적절한 표현을 써서 여론의 질타를 받았다. '흑인 역사의 달'은 흑인들이 미국에서 완전한 시민권을 얻기 위해 투쟁한 정신을 기리기 위해, 미국과 캐나다에서 1926년부터 매년 2월에 열리는 연례행사다. 인공지능이 번역을 잘못해 의류 브랜드와 어울리지 않는 부적절한 표현이 나온

것이다.

이런 사례는 인공지능 도구를 활용하는 것과 별도로 문화적 감수성과 사회적 맥락을 고려하는 인간의 해석이 필요하다는 사실을 새삼 일깨워 주었다. 인공지능 도구는 PR 업무에 도움을 주지만 실행 결과를 책임지지는 않는다. 따라서 디지털 PR 전문가는 인공지능 도구를 활용하는 역량과 별개로 윤리적 판단 능력을 갖춰야 한다. 디지털 PR 환경에서 인공지능 도구가 효율성과 정밀도를 극대화하지만, 윤리적 맥락을 해석하는 역할은 여전히 인간의 몫으로 남아있다.

인공지능이 데이터를 제공한다면, 인간은 그 의미를 해석한다. 인공지능 도구가 제시한 PR 콘텐츠가 매력적일지라도, 그것이 타깃 공중의 사회 문화적 배경이나 정서적 민감성에 부합하는지 따져보는 판단력은 PR 전문가가 갖춰야 할 자질이다. PR 콘텐츠의 기본 구조를 훌륭히 설계하는 것은 인공지능의 역량이지만, 그 콘텐츠에 따스한 숨결을 불어 넣는 것은 인간의 감각이다. 앞으로 디지털 PR 전문가는 데이터를 읽고, 인공지능을 유연하게 활용하며, 메시지에 공감 요소를 불어넣는 감성 역량을 키워야 한다.

플랫폼별 PR 콘텐츠 전략

디지털 PR는 더 이상 선택이 아니다. 인스타그램, 유튜브, 틱톡, 블로그 같은 디지털 플랫폼은 브랜드와 공중(소비자)이 처음 접촉하는 주요 창구이자 기업의 평판을 형성하는 실시간 무대다. 플랫폼 위주로 진화한 PR 환경에서 디지털 PR 전문가는 PR 콘텐츠의 단순한 게시 도우미가 아니라 콘텐츠 기획자이자, 플랫폼 전략가이며, 기술과 데이터를 다루는 융합형 전문가다(Anani-Bossman et al., 2024). 그러나 디지털 PR 전문가들은 콘텐츠를 생산하는 데 많은 시간을 쓰고 있으며, 플랫폼마다 형식과 스타일이 달라지기 때문에 반복 노동에 가까운 콘텐츠 제작을 계속한다. PR 회사는 이런 문제를 해결하기 위해 인공지능 자동화 도구와 콘텐츠 생성 도구를 신속히 도입했다.

인스타그램(Instagram)은 감정에 호소하는 이미지 중심의 플랫폼이다. 콘텐츠를 빠르게 넘기는 사용자에게 비주얼 임팩트가 중요하기 때문에 PR 콘텐츠도 그에 맞춰 설계해야 한다. 긍정, 공감, 희망, 참여를 유도하는 PR 메시지 전략을 구사해야 하고 카드뉴스, 짧은 브랜드 스토리, 고객 후기의 요약 같은 콘텐츠를 지향해야 한다. 해시태그 추천 도구(RiteTag)와 챗GPT를 활용해 #제로

웨이스트. 오늘도 텀블러 챙기셨나요?" 같은 PR 메시지를 생성해 인스타그램에 올릴 수도 있다. 시각적 임팩트, 감성적 메시지, 해시태그는 인스타그램의 핵심 요소다. 정사각형 이미지에 짧고 흥미로운 문구를 붙여 해시태그를 최적화시키면 PR 메시지의 주목도가 올라간다.

유튜브(YouTube)는 정보와 검색 기반의 영상 채널로, 30초 이내에 공중의 주목을 유도해야 하므로 PR 콘텐츠의 깊이가 중요하다. 5~10분 분량의 영상에서 제목과 검색어 및 창의적인 섬네일이 이용자의 유입을 좌우한다. 메시지 유형은 정보 제공 중심, 전문가 인터뷰, 브이로그 형태가 있다. 유튜브 핵심어를 검색해 주는 튜브버디(TubeBuddy)나 스크립트 초안을 써주는 재스퍼를 활용해 "일주일간 플라스틱 없이 살 수 있나요?" 같은 의문형 메시지로 공공 PR 활동을 전개할 수 있다. 영상 콘텐츠, 검색 노출, 섬네일 디자인이 유튜브의 핵심 요소다. 전문가 인터뷰, 제품 사용법 소개, 질의응답(Q&A) 같은 영상 PR 메시지가 유튜브에 잘 어울린다.

틱톡(TikTok)은 유행에 민감한 콘텐츠 위주의 짧은 동영상 플랫폼으로, 시대의 추세를 반영하는 일상의 유머나 인기 콘텐츠를 신속히 올리고 챌린지에도 참여할 수 있다. 15~60초 내외로 구성되는 영상에 유행하는 음악을 올릴 수도 있다. 짧고 빠른 전개, 유행 따라잡기, 음악의 활용이 핵심 요소다. 짧은 메시지로 유머와 현실성을 동시에 구현하는 것이 메시지 전략의 포인트다. 수백만 건의 댓글과 이미지와 동영상을 체계적으로 분석하는 트렌드스포터(TrendSpotter)나 동영상 편집과 그래픽 디자인 도구인 캡컷(CapCut)을 활용해 "우리 PR팀의 현실 브이로그 #마감은언제나오늘" 같은 PR 콘텐츠를 브이로그 형태로 틱톡에 올리면 상당한 PR 효과를 기대할 수 있다.

블로그(Blog)는 글의 길이와 핵심어 활용이 중요한 검색 기반의 장문 콘텐츠 플랫폼이다. PR 블로그는 브랜드 스토리, CSR 활동, 캠페인 후기를 기록하는 창구로도 널리 활용할 수 있다. 핵심어 반복, 이미지와 도표의 활용, 논리적 구조가 메시지 전략의 포인트다. SEO나 콘텐츠 최적화를 분석하는 플랫폼인 셈러쉬(Semrush)나 챗GPT의 프롬프트 템플릿에 "당신이 아직 몰랐던 친환경 포장재의 세계" 같은 지시문을 입력해 생성되는 콘텐츠를 블로그에 올릴 수도 있다. SEO, 핵심어 배치, 글의 구조가 핵심 요소다. 핵심어를 반복적으로 삽입하고 시각자료를 두루 활용하면 PR 메시지를 보다 효과적으로 전달할 수 있다.

PR 성과의 분석 도구

디지털 PR 전문가가 PR 캠페인의 성과를 수치로 증명할 수 있다면 그 능력을 더 인정받을 것이다. 인공지능은 참여율, 도달률, 전환율, 해시태그 퍼포먼스 같은 다양한 지표를 실시간으로 수집하고 분석한 다음 그 PR 캠페인의 성과를 정량화하고 핵심 성과 지표(KPI: Key Performance Indicator)의 달성 여부를 시각적으로 요약한 보고서를 제공해 준다. 디지털 PR 전문가의 업무에서 PR 콘텐츠를 만드는 것 이상으로 중요한 일은 성과 분석 보고서의 작성이다. 성과 분석 보고서를 작성할 때 여러 가지 인공지능 도구를 활용할 수 있다.

스프라우트 소셜(Sprout Social, SPT)은 고객의 메시지 관리에 최적화된 소셜미디어 통합 관리 솔루션이다. 감정 분석을 비롯해 소셜미디어 콘텐츠별 도달률, 참여율, 클릭률을 분석해 소셜미디어 콘텐츠에 따라 효과를 비교하고 PR 성과 분석 보고서를 자동으로 작성하는 데 탁월한 기능을 발휘한다. 예컨대, 디지털 PR 전문가는 수작업으로 작성하던 월간 PR 리포트를 스프라우트 소셜을 활용해 자동적으로 받아볼 수 있다. 스프라우트 소셜이 SNS별 도달률, 반응률, 인플루언서의 반응을 바탕으로 5쪽 분량의 보고서를 자동으로 생성하자, PR 담당자는 핵심 내용만 수정해서 제출함으로써 업무 시간을 60%나 단축시켰다.

브랜드24(Brand24)는 소셜미디어에서의 브랜드 언급량을 비롯해 감성 분석과 핵심어 언급량 및 미디어 확산 경로를 분석한다. 데이터 기반의 PR 전략을 수립하고 브랜딩 성과도 분석하며, PR 전략을 수정하기 위한 과정에서도 특히 유용하다. 멜트워터(Meltwater)는 미디어 모니터링을 통해 언론 보도의 빈도, 언론 보도의 느낌과 경향(긍정, 중립, 부정), 경쟁 브랜드의 언론 보도 경향, 감성 분석 결과를 실시간으로 알려주는 글로벌 데이터 분석 플랫폼이다. 그리고 토크워커(Talkwalker)는 소셜미디어 상의 급상승 핵심어를 비롯해, 감성 반응 분석, PR 캠페인의 성과, 캠페인에 대한 인플루언서의 반응을 추적하는 소셜미디어 데이터 분석 플랫폼이다.

최근의 사회 트렌드를 알려주는 인공지능 도구도 디지털 PR 전문가에게 많은 도움을 준다. 예컨대, 급부상하는 검색어나 트렌드를 분석하는 글림프스(Glimpse), 소셜미디어에서 바이럴 콘텐츠와 영향력 있는 글을 분석하는 버즈수모(Buzzsumo), 소셜미디어 플랫폼에 따라 자동 게시 스케줄을 현실적으로 제시하고 게시할 최적의 시간을 추천해 주는 훗스위트(Hootsuite)를 활용하면 최근의 사회적 추세를 감지할 수 있다.

이상의 인공지능 도구들은 데이터 시각화 기능을 탑재해 자동으로 PR 결과 보고서를 생성해 주고, PR 캠페인이 끝난 다음에는 실시간 보고에 필요한 핵심 지표를 제공해 준다. 디지털 PR 전문가가 인공지능 도구를 현명하게 활용하는 지혜와 역량을 갖췄다면, PR 캠페인의 성과 분석을 바탕으로 신속하게 결과 보고서를 작성할 수 있다. 디지털 PR 전문가에게 필요한 것은 인공지능 도구를 다루는 숙련도가 아니며, 플랫폼의 문법을 충분히 이해하고 나서 인간의 감성과 인공지능의 기능을 조화롭게 결합하는 능력이다.

디지털 PR의 미래는 기술과 감성의 융합에 달려있다. PR는 사회에 선한 영향을 미치는 소통 활동이기 때문에, 인공지능이 PR인의 모든 업무를 대신해 주지는 못한다. 디지털 PR 전문가에게 인공지능은 이미 협업하는 파트너가 되었다. 따라서 디지털 PR 전문가는 인공지능 도구와 함께 플랫폼에 최적화된 메시지를 설계함으로써, 브랜드와 목표 공중을 연결하는 공감의 언어를 창조해야 한다. 인공지능은 분명 디지털 PR 전문가에게 기술적 날개를 달아주는 고마운 지능이다.

하지만 PR인이 캠페인의 방향을 정해 균형을 잡아줄

때 비로소 기술적 날개를 활짝 펼칠 수 있다. 앞으로 디지털 PR를 주도할 핵심 역량은 기술을 읽고 감정을 설계하는 복합적 능력이다. 디지털 PR 전문가는 인공지능이 제공한 데이터를 해석하고 사회 문화적 맥락을 반영하는 '전략적 해석자'가 되어야 한다. 그들은 인공지능이 제공하는 결과물을 맹목적으로 수용하는 허수아비가 아니라, 결과물을 의심하고 따지는 비판적 사고력을 바탕으로 총체적 맥락을 파악하는 '해석의 큐레이터'가 되어야 한다.

참고문헌

Anani-Bossman, A., et al.(2024). Artificial Intelligence in Public Relations and Communication Management: Perspectives of Ghanaian Professionals. *Communicare Journal for Communication Studies in Africa, 43(1),* pp.3~13.

Nah, F. F. H. et al.(2023). Generative AI and ChatGPT: Applications, Challenges, and AI-Human Collaboration. *Journal of Information Technology Case and Application Research, 25*(3), pp.277~304.

04

AI와 위기관리 전문가

위기관리는 전략적 타당성과 감성적 민감성이 요구되는 분야다. 디지털 시대에는 위기의 확산 속도가 더 빨라졌기 때문에, 기업이나 기관은 사후 대응이 아닌 선제적 위기 대응 체계를 갖춰야 한다. 위기관리 PR 활동에서 위기 탐지, 위기 대응 시나리오 구성, 사과문 작성, 여론 분석 같은 전 과정에 인공지능이 강력한 영향을 미친다. 이런 상황에서 인공지능은 위기관리 전문가의 역할을 다시 정의하고 있다.

청각장애인과 AI?

소셜 리스닝과 위기 탐지

위기는 언제나 예고 없이 찾아온다. 과거에는 언론 보도를 통해 위기를 인지했지만, 지금은 온라인 커뮤니티, 소셜미디어, 리뷰 플랫폼에서 위기를 포착할 수 있다. 정보의 확산 속도가 빠른 디지털 시대에는 위기에 잘못 대응하면 불과 몇 시간 이내에 평판이 무너질 수 있고 명성이 심각한 수준으로 추락하기도 한다. 인공지능은 위기관리에 필요한 도구지만, 속도와 자동화만으로 해결되지 않는 것이 위기의 본질이다. 위기의 징후를 탐지하는 핵심어 추출 같은 사전 설계가 중요한 이유도 위기의 본질적 특성 때문이다. 인공지능 기반의 소셜 리스닝(social listening) 도구를 활용하면 위기에 대응할 때 많은 도움이 된다.

소셜 리스닝이란 소셜미디어나 뉴스 댓글에 언급된 공중의 반응을 실시간으로 수집하고 분석해 그 빈도나 물량을 단순 집계하는 것을 넘어, 특정 핵심어의 출현 빈도, 감성의 변화, 해시태그의 확산 경로를 실시간으로 추적함으로써 여론의 추이를 감지하는 기술이다(Scott, 2024). 소셜 리스닝 도구는 엑스(X), 인스타그램, 블로그, 뉴스 댓글에서의 공중의 반응을 실시간으로 수집하고 분석해 이상 징후나 부정적 감성의 확산을 조기에 포착해 위기의 전조를 감시할 수 있다. 브랜드워치와 스프링클러 및 토크워커(Talkwalker) 같은 소셜 리스닝 도구를 활용해 감정 반응, 급상승 핵심어, 인플루언서의 영향력을 분석하거나, 언어 패턴을 비롯해 '공격성', '분노', '불신' 같은 감정 신호도 식별할 수 있다.

가령 브랜드워치는 전 세계의 소셜미디어와 블로그 및 뉴스 등에서 수집한 온라인 빅데이터의 감성 분석 결과를 바탕으로 소셜 리스닝 서비스를 제공해 주는데, 특정 핵심어에 대한 언급량이 갑자기 증가하거나 '분노'나 '실망' 같은 부정적 감정이 집중될 때는 이를 경고 신호로 표시한다. 스프링클러는 소셜미디어 데이터를 정서 분석과 연동해 타깃의 감정을 반영한 분석 결과를 제공해 주는데, 소비자의 게시글에서 '환불', '실망', '보상 요구' 같은 핵심어를 감지해 준다. 토크워커는 소셜미디어에서 급상승하는 핵심어 분석을 비롯해 공중의 감정 반응이나 인플루언서의 영향력을 실시간으로 추적해 준다.

위기관리 전문가는 소셜 리스닝 도구의 분석 결과를 바탕으로 위기의 확산 여부를 가늠하고 미리미리 대응 전략을 수립할 수 있다. 미치 지진계가 미세한 진동을 감지하듯 탐지된 여론 변화를 파악해 미리 경고 신호를 알려준다는 점에서, 소셜 리스닝은 '위기 탐지의 지진계'라

할 수 있다. 소셜 리스닝은 이제 단순한 모니터링 도구가 아니라, 위기의 임계점을 예측하는 지혜로운 도구로 진화하고 있다.

핵심어 선정과 시나리오 작성

소셜 리스닝 도구로 사전에 위기 상황을 탐지하려면, 기업이나 공공에서 위기 요인에 따라 사전에 정교하게 설계된 핵심어(key word) 시스템을 마련하고, 대응 시나리오를 만들어야 한다. 기업과 공공에서는 업무의 특성, 과거의 위기 사례, 경쟁사의 논란을 참고해 감시할 핵심어 목록을 정해야 한다. 감시할 핵심어 목록은 고객의 불만 표현, 언론 보도 내용, 인플루언서의 발언을 모두 포괄해서 작성해야 한다. 예컨대, 식품회사는 '이물질', '식중독', '유통기한' 같은 핵심어를 정한 다음, 인공지능 도구가 핵심어에 관련된 언급을 실시간 감지하도록 학습시킨다.

위기 유형별로 사전에 대응 시나리오를 마련하면 실제 위기가 발생했을 때 위기 대응의 일관성을 유지하고 대응 속도를 높일 수 있다. 예컨대, 항공사에서 '지연', '환불', '탑승 거부', '승무원 갑질' 같은 핵심어를 인공지능에게 학습시켜 놓는다면 위기가 발생했을 때 인공지능이 신속히 탐지해 낸다. 삼성전자는 제품 결함이나 갑질 논란 같은 예상되는 이슈 유형별로 대응 시나리오를 마련해 두고 위기가 발생했을 때 즉각 대응한다. 위기관리에도 골든타임이 있다. 골든타임을 확보하느냐 놓치느냐는 위기관리 전문가가 인공지능이 알려주는 징후를 얼마나 재빨리 포착하느냐에 따라, 그리고 미리 준비해 둔 시나리오대로 얼마나 신속히 대응 조치를 취하느냐에 따라 결정된다.

위기관리 전문가는 위기가 발생하기 이전에 위기 발생의 조짐을 포착할 수 있는 조기 경보 지수(Early Warning Index)를 활용하는 방안도 고려해야 한다. 스프링클러 같은 인공지능 도구는 '부정 감성 비율의 상승', '이상 클릭률', '이탈률 급등', '핵심어 사용량 급증'을 조합해 위험 가능성을 점수로 산출한다. 위기관리 전문가는 이 수치를 활용해서 주의(watch), 경계(alert), 위기(crisis) 단계를 구분하고, 단계별 대응 체계를 사전에 마련할 수 있다. 이런 수치는 단기적 위기 상황은 물론 지속적으로 누적된 위기 상황을 돌파하는 데도 도움이 된다.

실시간 위기 대응뿐만 아니라 사전에 위기관리 PR팀을 훈련하는 데 필요한 모의 도구로도 인공지능을 활용할 수 있다. 가상적 위기 환경에서 인공지능은 훌륭한 훈련 파트너가 될 수 있다. 폴페오(Polpeo)나 크라이시스트레이너(CrisisTrainer)에 클라이언트에 관한 정보를 입력하면 가상적 위기 상황을 구현한 시나리오를 생성해 준다. 위기관리 PR팀은 가상적 시나리오에 따라 실시간 대응 문구를 작성하고 시점을 조정해 가며 위기 대응 훈련을 할 수 있다. 훈련이 끝나면 인공지능은 대응 메시지의 감성, 타이밍, 채널 선택의 타당성을 분석해 훈련 평가 보고서를 작성해 주고 개선 방안도 제시해 준다.

사과문 자동 생성 도구

위기 상황에서 사과문이나 공식 입장문을 작성할 때도 인공지능을 활용하면 초안을 빠르게 작성할 수 있다. 챗GPT, 재스퍼, 라이트소닉, 카피.에이아이 같은 생성형 인공지능 도구는 '사과문 초안 작성', '해명 요청', '사과문 예시', '공식 입장문' 같은 간단한 지시문만 입력해도, 법적 부담을 최소화하고 조직의 책임을 적절한 수준에서 반영한 사과문 초안을 빠르게 작성해 준다. 프롬프트 템플릿에 사과문의 형식, 언어, 문장 구조, 핵심어, 특정 상황(예: 배송 지연, 직원 실언, 제품 결함 등)을 입력하면 인공지능은 그 내용을 학습해 신속하게 공식적인 사과문의 초안을 생성해 준다.

사과문을 작성할 때는 사건 단계에 따라 감성적 언어 배치를 어떻게 해야 이해 관계자의 마음을 얻을 수 있는지를 고려해야 한다. 왜냐하면 인공지능을 활용해 사과문을 작성하면 전형적 문구만 나올 가능성이 높고, 사과문에 대한 관여도가 높은 사람이 보면 성의 없는 사과문으로 인식할 가능성이 높기 때문이다. 사과문 자동 생성 도구의 장점은 빠른 속도, 형식의 완결성, 구조적 안정성이다. 사과문 자동 생성 도구는 법적 책임을 줄이는 표현, 중립적 어조, 일반적으로 수용 가능한 어휘, 관용적 사과 표현을 자동으로 생성하며 문장의 논리나 흐름도 뛰어나지만 단점도 명확하다. 감정의 깊이가 없는 상투적 문구가 반복될 수 있어, 해당 사안에 관여도가 높은 이해 관계자에게는 진정성 없는 '성의 없는 사과'로 받아들여질 수 있다는 점이다. 결국 위기관리 전문가가 인공지능이 써 준 사과문 초안을 수정하고, 감성적 언어를 맥락에 맞게 배치하는 작업을 반드시 병행해야 한다.

예컨대, 인공지능을 활용해 이런 사과문을 썼다고 가정해 보자. "고객 여러분의 실망에 깊이 공감하며, 불편을 끼쳐드린 점에 대해 진심으로 사과드립니다. 본 사안은 내부 절차에 따라 철저히 조사 중이며, 신속한 시정 조치를 취하고 있습니다." 문장은 완벽하지만 사과문이 너무 형식적이라는 느낌을 준다. 피해자가 분명히 존재하는 사안일수록 진정성이 느껴지지 않는 영혼 없는 사과문은 2차 위기를 초래한다. 인공지능은 상황을 묘사할 수는 있어도, 진정성이 담긴 사과문을 쓰지는 못한다. 피해자나 이해 관계자의 개인적 관여도가 높을수록 이런 사과문은 '복붙 사과'나 '관성적 대응'으로 읽힐 가능성이 높아 기계적 사과의 딜레마에 빠질 수 있다.

사과문을 써 주는 인공지능 도구는 위험한 양날의 칼이다. 어느 기업에서는 인공지능이 써준 사과문을 그대로 게시했다가 '영혼 없는 사과문'이라는 비판을 받아 2차 위기를 초래했다. 위기관리 전문가가 진정성 있는 사과문을 다시 발표해서 겨우 논란을 수습했다. 사과문 자동 생성 도구의 장점은 위기 초기에 대응 시간을 줄이는 속도감, 다국어 버전으로 언어를 생성하는 언어의 다양성, 내부 지침에 충실해 일정한 형식을 유지하는 일관성을 들 수 있다. 반면에 사과문 자동 생성 도구의 단점은 상투적인 표현으로 인한 진정성의 부족 문제, 사실과 다를 때 감수해야 하는 법적 책임성의 문제, 자칫하면 비하나 무관심으로 받아들여지는 오해의 소지 문제를 꼽을 수 있다.

사과 메시지의 보정 기술

"사과는 자신감 넘치는 리더십의 표상이다." 사과의 전문가인 존 케이도(John Kador)의 말이다. 사과를 하려면 어떤 전제나 조건을 달지 말고 진정성을 담아 자신감 있게 기꺼이 사과해야 한다(이현우, 2015). 위기 대응 사과문은 그 자체로 진정성의 시험대가 될 수 있다. 다행히 최근에는 사과문의 진정성을 개선하고 수위를 조절하는 인공지능 도구도 등장했다. 같은 내용의 사과문이라도 '공식적', '개인적', '감성적' 어조로 각각 다르게 최적화하는 멀티 버전을 생성할 수도 있고, 소수 집단에 사과문을 먼저 배포하고 나서, 그 반응을 분석한 다음에 본격적으로 배포할 사과문을 선정하기 위해 어느 시안이 좋은지 비교하는 사과문의 A/B 테스트를 시도할 수도 있다. 인공지능 도구의 프롬프트 템플릿에 "문장을 방어적인 느낌이 나지 않도록 표현해 주세요"와 같은 요청 사항을 입력해 사과문의 느낌을 섬세하게 조절하면 된다.

인공지능이 생성한 사과문이 지나치게 기계적인 느낌을 준다고 비판받는 문제점을 보완하기 위해 최근에는 사과 메시지의 진정성 보정 기술이 실험되고 있다. 슬픔과 공감 및 책임 같은 메시지의 감정 요소를 수치화해서 조정하는 감정 조율 알고리즘 기술, 메시지를 발송한 다음에 공중의 반응을 다시 학습해서 후속 메시지의 톤을 조절하는 감정 예측의 피드백 루프 기술, 같은 문장이라도 문화권에 따라 다르게 해석될 수 있기에 인공지능이 문화적 맥락 차이에 따라 수정안을 제공하는 문화적 맥락의 필터링 기술이 대표적이다.

인공지능 도구는 위기의 조기 감지, 위기 데이터 분석, 위기 대응 메시지 초안의 생성에 이르기까지 속도와 효율을 가져다주었다. 그렇지만 지금까지는 인공지능에게 빠른 속도는 기대할 수 있어도 진정한 공감은 기대하기 어렵다. 공중의 마음을 움직이는 원천은 속도와 효율이 아닌 사과의 진정성이다. 위기관리 전문가는 인공지능을 맹신하거나 남용하면 위기를 더 키우는 '기술의 역습' 문제가 발생할 수 있다는 사실을 잊지 말아야 한다. 위기관리 전문가의 역할은 인공지능이 놓치는 미세한 감정을 읽어내고, 인간과 기술 사이에서 보완적 협업 구조를 만드는 데 있다. 머잖아 글에 담긴 감정의 강도와 진정성까지 실시간으로 반영하는 '자비 인공지능(Compassion AI)'의 고도화 기술이 현실에서 실행된다면 위기관리 PR 기법을 크게 발전시킬 것이다.

참고문헌

이현우(2015). 《사과의 공식》. 커뮤니케이션북스.

Scott, D. M.(2024). *The New Rules of Marketing & PR: How to Use Content Marketing, AI, Social Media, Podcasting, Video, and Newsjacking to Reach Buyers Directly*. John Wiley & Sons.

05
AI와 정책PR 전문가

정책은 PR로 시작해서 PR로 완성된다. 정책PR가 민주적 시민성의 함양과 사회 문제의 해결에 기여하는 공공재라는 평가를 받을 때 정책은 PR로 완성될 수 있다. 정책은 공감을 바탕으로 형성되고, 신뢰를 바탕으로 유지되며, 국민의 참여를 통해 실현된다. 신뢰의 위기 시대에는 정책PR를 참여 기반의 공공 거버넌스로 전환해야 한다. 정책의 완성은 전달이 아니라 공감이며, 사람과의 관계성에서 공감이 시작된다.

AI 콘텐츠 크리에이터?

정책PR 개념의 변화 양상

인공지능 기술은 정보의 생산과 소비 과정 전반에 전례 없는 변화를 가져왔다. 인공지능 기술이 급속히 발전하자 정책PR의 개념과 실행 전략도 근본부터 달라지고 있다. 정책PR란 "정부가 공공 문제를 해결하기 위한 일련의 정책 과정에서 국민의 이해와 동의를 획득할 수 있는 관련 공중들과의 전략적 커뮤니케이션 관리 활동이다" (신호창 외, 2011, 21쪽). 과거에는 정책PR가 일방적 전달에 그쳤다면, 오늘날에는 공중의 감정과 신뢰와 참여가 핵심 요소로 작용하는 다층적 구조로 전환되고 있다. 생성형 인공지능 기술은 언어와 이미지 및 영상 콘텐츠를 자동으로 생성하고, 알고리즘은 정보의 확산 경로를 결정한다. 이런 환경에서는 국민에게 정책 정보를 전달하는 활동을 넘어, 공중에게 어떻게 맞춤형으로 전달하고 신뢰를 형성하고 참여를 유도할 것인지에 대한 담당 공무원과 PR인의 전략적 사고가 필요하다.

정책은 PR로 시작해서 PR로 완성된다. 국민은 정책 수용자가 아니라 정책의 공동 설계자라는 쪽으로 관점이 바뀌어야, 정책은 PR로 시작해서 PR로 완성된다는 명제가 성립된다(조영석, 2025). 이런 상황에서 초연결성과 초개인화가 결합한 디지털 환경에서는 공중이 정보를 단순히 받아들이는 수동적 존재가 아니라 정보를 생산하는 동시에 소비하는 생비자(prosumer)로 떠올랐다. 정책의 대상자로 간주하던 국민도 정책의 단순한 수혜자가 아니며, 정책의 설계와 실행 과정에 실제로 참여하는 행위자가 되었다. 예컨대, 서울시의 시민 참여 예산 제도나 스웨덴의 디지털 국민투표 시스템은 공중이 주도하는 정책PR의 방향을 상징적으로 보여주는 사례다.

이런 흐름은 정책 소통이 더 이상 정책PR 전문가의 전유물이 아니라는 근거라고 할 수 있다. 디지털 시대의 정책PR는 기능적 측면에서 본질적인 변화가 필요하다. 전통적 의미의 PR 업무에서는 보도 자료 작성, 언론 대응, 위기관리 같은 실무 중심의 업무에 치중했다면, 디지털 인공지능 환경에서의 PR 업무는 국민과의 정서적 유대감 형성, 신뢰의 축적, 참여 기반 조성 같은 더 전략적이고 포괄적 맥락에서 접근해야 한다. 국민의 미디어 이용 행태를 분석하고, 다양한 디지털 채널을 통해 정책 정보를 맞춤형으로 설계하며, 공공 이슈에 대한 정서적 반응을 실시간으로 모니터링하고 조율하는 역할이 PR인들에게 더더욱 중요한 역량으로 떠오른 것이다.

인공지능 활용 정책PR

정책PR 전문가는 정책 소통 과정에서 사람과 기술 사이의 가교 역할을 수행하며 인공지능을 단순한 도구가 아닌 전략적 파트너로 활용할 수 있다. 이제, 정책PR 활동에서 인공지능을 활용하는 것은 선택이 아닌 필수가 되었다. 인공지능 도구를 활용해 정책PR 캠페인을 전개할 때 필요한 5가지 고려 사항을 제시하면 다음과 같다.

첫째, 인공지능 기반의 감정 분석 기술을 활용하는 정책PR다. 정책PR 전문가는 소셜미디어나 뉴스 댓글 또는 온라인 커뮤니티에서 방대한 비정형 데이터를 수집해 국민의 감정 흐름을 실시간으로 분석함으로써, 정책 이슈에 대한 민감도를 사전에 탐지할 수 있다. 예컨대, 의료, 교육, 세금 같은 민감한 분야의 정책을 발표하기 전후의 온라인에 나타난 긍정적, 중립적, 부정적 감정을 분석하면, 정책 수용성의 향방을 예측하고 사전에 대응 전략을 마련할 수 있다. 인공지능 기술을 활용하면 단순한 여론조사를 넘어서 공중의 정서를 파악해 앞선 대응을 할 수 있다.

둘째, 공중 맞춤형의 메시지를 설계하는 정책PR다. 디지털 환경에서는 같은 정책이라도 전달하는 채널, 표현 방식, 메시지의 형식에 따라 공중의 반응이 현저히 달라진다. 따라서 연령대와 지역 또는 정보 이용 행태에 따라 정책 메시지를 차별화시켜야 한다. 공중 맞춤형의 메시지는 정책에 대한 신뢰도와 참여도를 높인다. 따라서 2030 세대에게는 인스타그램 릴스나 유튜브 쇼츠 같은 짧은 영상 콘텐츠가 효과적이고, 고령층에게는 전화 안내나 음성 기반의 콘텐츠가 더 친숙할 수 있다. 이처럼 정책 메시지는 맞춤형으로 전달했을 때 정보의 접근성과 수용성이 높아진다.

셋째, 인공지능의 챗봇 시스템을 활용하는 정책PR다. 공공 부문의 여러 영역에서는 현재 챗봇이 활용되고 있으며, 행정 민원의 응대, 정책 안내, 복지 정보의 제공에서 그 유용성이 입증되고 있다. 예컨대, 서울시의 '따릉이 챗봇'은 대중교통의 이용 편의성을 높였고, 행정안전부의 '정부24 챗봇'은 다양한 민원 처리 절차를 자동화시켜 국민의 편의성을 제고했다. 해외 사례로는 인공지능 챗봇이 백신 관련 정보를 맞춤형으로 안내한 영국의 국민보건서비스(NHS)가 대표적이다. 이런 시스템은 단순한 응대 기능을 넘어서 정책을 성공시키는 대표적 디지털 채널로 자리매김했다.

넷째, 인공지능을 활용해 위기를 탐지하고 대응하는 정책PR다. 예컨대, 프랑스 정부는 인공지능 기술을 적용한 헬스데이터허브(Health Data Hub)를 구축해 백신에 대한 불신이나 공공 보건 정책에 대한 반감을 조기에 탐지해서 정책에 대응할 수위를 조절할 수 있다. 국내에서도 가짜뉴스의 확산 경로를 인공지능으로 추적해 정책에 반발하는 핵심어를 사전에 파악함으로써 정책PR 전략을 조정한 사례가 있다. 인공지능을 활용해 위기를 탐지하는 정책PR는 위기가 발생한 이후의 대응이 아니라, 위기가 발생하기 전에 조기 경보 체계를 구축해서 대응한다는 점에서 의의가 크다.

다섯째, 인공지능의 윤리 원칙을 준수하는 정책PR다. 생성형 인공지능은 정책 메시지를 작성해 주지만 공중의 신뢰를 얻으려면 정책 메시지의 출처를 명시하고, 편향이나 오류 가능성을 사전에 알리는 투명성 원칙을 준수해야 한다. 정책PR 전문가는 설명 가능성, 공정성, 책임성, 비차별성, 인간 중심성이라는 5가지 원칙을 바탕으로 인공지능 활용의 윤리적 원칙을 반드시 준수해야 한다. 특히 인공지능이 생성해 준 공공 영역의 정책PR 메시지는 정책PR 전문가의 검토와 해석이라는 이중 점검을 반드시 거친 다음에 공중에게 노출해야 그 정책이 국민의 신뢰를 얻을 수 있다.

정책 소통 흐름의 재설계

국내외의 정부나 공공기관에서는 인공지능 도구를 활용한 정책PR 활동을 다각도로 전개해 왔다. 서울특별시는 디지털 행정 챗봇을 활용해 월평균 120만 여명의 시민들에게 행정 정보를 제공하고 있으며, 챗GPT를 행정 서비스에 연결하는 연동 실험도 병행하고 있다. 뉴질랜드 정부는 인공지능 플랫폼에서 국민이 납세 정보를 시각적으로 확인하고 예산이 어떻게 집행되는지 투명하게 알 수 있도록 지원함으로써, 정보를 투명하게 공개하고 시민 참여를 유도할 수 있었다. 아랍에미리트(UAE)의 '인공지능 시민' 프로젝트는 인공지능 도구가 국민의 여론을 정리하여 정부 부처에 보고하면 그 의견을 정책 수립 과정에 직접 반영하는 것이다. 이 시스템을 도입한 이후에 디지털 국정 참여의 새로운 모델을 제시했다는 평가를 받았다.

앞으로 정책 소통의 흐름은 '이해-공감-신뢰-참여'라는 4단계 과정으로 재설계할 필요가 있다. 이해 단계에서는 정책의 취지와 구조를 명확히 전달하고, 공감 단계에서는 국민의 감정 반응을 반영해야 한다. 신뢰 단계에서는 정보의 출처와 투명성을 강조하고, 마지막의 참여 단계에서는 디지털 참여 플랫폼에 국민이 직접 의견을 개진할 수 있는 구조를 마련해야 한다. 인공지능 도구가 각 단계마다의 공중 특성과 반응 및 감정의 흐름을 분석하고 예측해 준 결과를 참조한다면, 정책PR 전문가는 정책PR 캠페인을 전개하는 과정에서 단계별로 필요한 사항을 섬세하게 반영할 수 있다.

예컨대, 탄소세 도입 같은 갈등의 소지가 큰 정책의 경우에는 인공지능 도구가 제시하는 여론 반응을 바탕으로 공중 집단을 세분화하고, 각 집단의 우려와 요구를 구별해 정책PR 전략을 차별화시킬 수 있다. 탄소세 도입에 우호적인 집단에는 구체적인 기대 효과와 성공 사례 위주로 작성한 PR 메시지를 제시하고, 비판적인 집단에는 우려를 해소할 수 있는 보완 정책을 설명하는 PR 메시지를 제시함으로써, 정책 전반에 대한 공중의 수용도를 높일 수 있다. 이 과정에서 정책PR 전문가는 데이터를 바탕으로 설계한 시나리오에 따라 감정 설득, 신뢰 구축, 관계 회복이라는 단계적 소통 활동을 수행할 수 있다.

나아가 정책PR를 수행하는 PR인의 직무도 근본부터 재정립할 필요가 있다. 과거에는 콘텐츠 제작자, 보도자료 작성자, 언론 응대자로 국한되던 PR인의 역할이 이제는 정책의 공동 설계자, 신뢰 큐레이터, 디지털 참여 설계자, 인공지능의 중재자라는 성격으로 변화되고 있다. 직무 성격의 변화는 기술의 발전 때문만이 아니라, 정부 정책이 사회적 설득과 협력의 산물이라는 쪽으로 인식의 진화가 이루어지고 있기 때문이다. 따라서 정책 PR 전문가는 인공지능 기술을 어느 정도는 알아야 하고 데이터를 해석하는 역량을 강화해야 하며, 디지털 리터러시 능력을 높이고 윤리적 판단력도 갖춰야 한다.

정책PR 전문가의 역량 강화

정책PR는 결정된 정책을 단지 알리는 수단이 아니라, 정책을 논의하는 과정에 필요한 정책 설계의 파트너 기능을 해야 한다. 디지털 시대의 정책PR는 기술과 사람, 데이터와 감정, 정보와 신뢰의 균형 위에서만 성공할 수 있으며, 그 균형을 설계하고 유지하는 주체가 바로 정책PR 전문가이다. 정책PR 전문가가 정책 설계의 파트너 기능을 제대로 하려면 PR인으로서 디지털 역량을 강화해야 한다. 디지털 PR 교육의 내실화가 필요한 이유도 그 때문이다. 정책 설계의 초기부터 정책PR 전문가가 참여해 정책PR 전략을 동시에 기획할 수 있는 제도적 기반도 마련해야 한다. 나아가 인공지능 도구를 활용하는 데 필요한 공공 영역의 윤리적 가이드라인도 조속히 마련해야 한다.

앞으로 정책PR는 정책의 완성과 국민의 신뢰를 확보할 수 있는 핵심 수단이 될 것이다. 정책은 일방적으로 발표되고 수용되는 것이 더 이상 아니다. 정책은 공감을 바탕으로 형성되고, 신뢰를 바탕으로 유지되며, 국민의 참여를 통해 실현된다. 이때 정책PR는 인공지능 기술에 종속되지 않고, 기술을 수단으로 활용해 공중과의 관계와 신뢰를 구축하는 전략적 주체가 되어야 한다. 정책의 완성은 전달이 아니라 공감이며, 공감을 유발하는 정책은 기술이 아닌 사람과의 관계성에서 시작된다는 사실을 우리는 잊지 말아야 한다.

참고문헌

김병희(2025). "디지털 환경에서의 정책 소통 전략: 새로운 커뮤니케이션 패러다임". 《정책은 PR로 완성된다: 2025 정책 소통 제안집》, 41~45쪽. 한국PR협회.

신호창 외(2011). 《정책PR》. 커뮤니케이션북스.

조영석(2025). "정책 소통 제안집을 발간하며". 《정책은 PR로 완성된다: 2025 정책 소통 제안집》, 머리말. 한국PR협회.

06

AI와 미디어 관계 관리 전문가

미디어 관계 혹은 언론 관계는 PR 업무의 전통적 분야이면서도 여전히 효과적인 PR 분야다. 디지털 시대에 PR 전문가의 언론 관계 업무 방식도 진화해, 보도 자료 작성과 배포의 자동화, 기자 성향에 따른 인공지능 추천 시스템의 가동, 언론사 및 출입처의 분석, 보도 자료 배포 후의 반응 분석에 이르기까지, 인공지능 기술의 도움이 없다면 거의 업무를 수행하지 못할 정도로 언론 관계 업무도 복잡하고 정밀해졌다.

인공지능의 기사 추천 시스템

언론사의 기자마다 관심 분야, 기사 작성 스타일, 선호하는 주제가 각각 다르다. 미디어 관계 관리 PR 전문가들은 전통적으로 기자들이 과거에 쓴 기사와 담당 분야를 일일이 분석하고 나서 보도 자료 작성 업무를 수행했다. 하지만 이제는 그 과정을 인공지능이 학습해 자동으로 기자별 맞춤형의 보도 자료를 추천해 준다. 인공지능이 기자의 성향에 맞춰 보도 자료를 추천해 주는 시스템은 개인 맞춤형 피칭(pitching)의 출발점이다. 과거에는 같은 보도 자료를 거의 모든 기자에게 일괄적으로 발송했다. 과거의 방식은 맞춤형 정보를 기대하는 디지털 시대의 기자들에게는 맞지 않는다.

과거의 방식에서 벗어나려면 기자 개인의 성향을 자동으로 분석해서 주제별로 맞춤형 기자 목록을 생성해 주는 인공지능의 추천 시스템을 활용하면 된다(Luttrell & Wallace, 2025). 그렇지만 스트레이트 기사는 사실 위주의 보도이기 때문에 기자의 성향을 알 수 없다. 기자의 성향을 분석한다는 것은 해설 기사나 기명 칼럼을 분석한다는 뜻이다. 인공지능 도구는 특정 기자의 기사 이력, 소셜미디어 활동, 이메일의 반응 이력, 반응 시간을 분석한 다음에 관련 보도 자료를 보도할 가능성이 높은 기자를 자동으로 추려낸다.

만약 기업에서 ESG 성과 보고서를 발표하려고 한다면, 환경, 노동, 지속 가능성, 기업 정책에 관한 기사를 쓴 기자를 선별해 이들과 소통하라고 제안한다. 개인 맞춤형의 피칭은 기자와 PR인 사이에 관심사의 일치도를 높여 피칭 성공률을 높여준다. 인공지능은 미디어 관계 관리 PR 전문가에게 어떤 기자가 쓴 기사 이력도 알려주며 인간적으로 접근하도록 도와준다. 기자가 담당하는 출입처는 단순한 '관심 분야' 그 이상이다. 출입처는 기자의 세계관, 사고방식, 이슈 우선순위에 영향을 준다. 출입처를 반영한 인공지능 추천 시스템은 산업 · 경제 · 사회적 맥락을 함께 분석해 더 정교한 맞춤형 기사 추천을 가능하게 한다.

인공지능은 기자의 출입처에 따라 보도 자료에 포함할 메시지의 포인트를 차별화하도록 지원한다. 산업별 주요 핵심어, 정책의 흐름, 업계 추세의 자료를 종합적으로 반영해 기자에게 맞춤형 맥락을 제공하는 방식이다. 어떤 기자가 담당하는 출입처에 대한 산업적, 경제적, 사회적 인식도 중요하기 때문에 그런 내용까지 반영해 주는 인공지능 추천 시스템을 선택해야 한다. 예컨대, 국토교통부 출입 기자는 어떤 정책의 배경과 관련 예산 및 이해 관계자에 대해 민감하게 반응하는 반면에, 환경부 출입 기자는 어떤 정책의 친환경성과 시민단체의 반응 및 지속 가능성 지표에 주목할 수 있다. 인공지능은 과거의 기사에 반복적으로 등장하는 핵심어, 관점, 인용 구조를 분석해 기자의 전문 영역을 추론할 수 있다.

기자뿐만 아니라 그 기자가 소속된 언론사의 정치적 성향, 사회 문화적 성향, 콘텐츠 스타일, 독자의 특성을 파악하는 것도 중요하다. 예컨대, 같은 주제라도 진보 성향 언론과 보수 성향 언론이 접근하는 프레임은 전혀 다를 수 있다. 특정 언론사가 기업 친화적인지 비판적인지, 환경 이슈에 민감한지 둔감한지 같은 특성을 뉴스 데이터를 바탕으로 파악해야 한다. 인공지능은 다량의 기사를 분석해 각 언론사의 이념적 방향과 주제의 선호도를 파악할 수 있다. 이 기능은 미디어 관계 관리 PR 전문가가 보도 자료의 헤드라인, 강조 포인트, 인용문 구성을 언론사의 성향에 맞춰 조정하도록 도와준다. 메시지의 형식에서 나아가 메시지의 맥락을 설계한다면 미디어 관계 관리의 수준을 한층 높일 수 있다.

보도 자료 작성

기업의 홍보 담당자나 PR 회사의 미디어 관계 관리 PR

전문가의 업무인 보도 자료 작성 혹은 PR 라이팅에서 인공지능 저작 도구가 두루 활용되고 있다. 인공지능에게 보도 자료를 써 달라고 막연하게 요청하기보다 구체적인 내용을 요청해야 기대 이상의 결과물을 얻을 수 있다. 예컨대, 보도 자료의 출처나 뉴스원을 밝히라고 주문하고, 보도 자료를 가급적 한 장에 정리하라고 지시하고, 사실을 요점 위주로 작성하라고 요구해야 한다. 만약 추가할 정보가 있다면 보도 자료의 끝 부분에 넣어달라고 주문하고, 전국지와 지방지 및 전문지에 알맞게 각각 다른 보도 자료를 생성해달라고 해야 한다.

나아가 보도 기관과 뉴스 소비자의 연관성을 고려해 보도 자료를 작성하라고 주문하고, 전통 미디어와 디지털 미디어의 특성에 알맞게 보도 자료를 써 달라고 인공지능에게 구체적 지시문을 제시해야 한다. 필요할 때는 영상 보도 자료(VNR: Video News Release)의 초안을 작성하라고 인공지능에게 요청할 수 있다. 영상 보도 자료란 일반적인 텍스트 형태의 보도 자료가 아니라, 새롭게 발표하려는 보도 자료 내용을 뉴스 보도처럼 보이도록 영상으로 만든 보도 자료다. PR 회사, 기업, 정부 기관에서 제작해 정책PR 활동이나 브랜드 PR 캠페인에 활용한다.

미주리그룹에서는 뉴스 가치의 평가 기준으로 영향성(impact), 갈등성(conflict), 새로움(novelty), 저명성(prominence), 근접성(proximity), 시의성(timeliness) 같은 여섯 가지 요소를 제시했다(the Missouri Group, 2004). 즉, 많은 사람에게 영향을 미치거나, 갈등의 요소가 포함돼 있거나, 이전에 경험해 보지 못했던 새로운 정보이거나, 저명한 인물이 포함돼 있거나, 공간적 혹은 심리적으로 가까이에서 일어난 사건이거나, 시기적으로 먼 미래가 아닌 지금 일어난 이슈일 때, 뉴스 가치가 더 크다는 뜻이다(김병희 외, 2025).

인공지능 도구가 보도 자료 초안을 작성해 주면 기자에게 전달하기 전에 수정하고 다듬는 편집 과정을 거쳐야 한다. 감수를 인공지능이 할 수는 없다. 미디어 관계 관리 PR 전문가는 감수하는 과정에서 보도 자료를 잘 썼는지 질문해 보고, 수정할 필요가 있다면 직접 수정해서 기자에게 보내면 된다. 감수할 때 필요한 질문 항목은 다음과 같다. ▲보도 자료의 제목이 내용을 대표할 수 있는가? ▲보도 자료의 제목이 독자의 주의를 단번에 끌 수 있도록 쓰였나? ▲보도 자료의 부제목에는 본문에서 강조하는 주요 내용이 잘 요약되었는가? ▲보도 자료의 첫 문장에 보도 자료의 주제가 명확하게 나타나 있는가? ▲

보도 자료의 첫 문단에 육하원칙의 모든 요소가 포함되어 있는가? ▲보도 자료의 첫 문단에 보도 자료의 핵심 내용이 30자 이내로 간단명료하게 기술되어 있는가? ▲보도 자료의 주제가 명확하고 그 맥락이 연속성을 가지는가? ▲보도 자료가 역삼각형으로 작성되어 있는가? ▲본문은 리드 문단의 내용을 중요 항목 순으로 풀어서 설명하고 있는가? ▲문장에 긴 수식어나 구, 절 등이 포함되어 있지는 않은가? ▲한 문장이 20단어를 넘지 않는가? ▲보도 자료에 포함된 표와 그림은 보도 자료의 중요 내용을 포함하고, 그 내용을 정확하게 알려주는가? ▲문장에 수동형이 지나치게 많지는 않은가? ▲문장에 오탈자는 없는가? ▲문장이 읽기 쉽게 인용구가 포함되어 있는가? ▲인용 문자의 앞뒤에는 큰따옴표가 포함되어 있는가? ▲지나치게 광고 느낌을 주는 주관적 문장은 없는가? ▲추가 문단이 필요하다고 느껴지는 부분이 없는가? ▲회사 소개가 포함되어 있는가? ▲PR 담당자의 연락처가 포함되어 있는가? PR 전문가는 이런 질문을 해기며 보도 자료를 감수해야 한다(김병희 외, 2025; 뉴스와이어, 2015).

보도 자료의 자동 발송 도구

이메일을 자동으로 발송하는 인공지능 도구는 보도 자료를 일일이 발송하던 지루하고 반복적인 업무 관행을 획기적으로 개선했다. 이메일의 자동 발송 인공지능 도구는 준비된 보도 자료를 기자 목록에 있는 관련 기자들에게 맞춤형 인사말, 기사의 주제, 개인 맞춤형의 보도 자료 요약본을 담아 메일을 자동으로 발송한다. 예를 들면 이렇다. "김 기자님께서 이전에 보도하신 '국민연금' 기사의 내용에 추가할 정책이 새로 발표돼 보도 자료를 첨부합니다." 이메일 제목, 발송 시각, 본문 길이도 A/B 테스트를 통해 최적화할 수 있다. 이때 보도 자료의 자동 발송이 기계적인 전달이 아니라 데이터 기반의 배려된 소통으로 인식되도록 설계해야 한다.

미디어 관계의 궁극적인 성과는 보도 자료가 실제로 언론 기사에 반영된 보도 물량과 기사의 품질이다. 보도 자료의 자동 발송 도구는 보도 자료의 열람률, 클릭률, 회신율 위주로 성과를 측정하는 경향이 있다. 최근에는 인공지능 도구를 활용해 소셜미디어에서 핵심어가 얼마나 언급되었는지(SNS mention rate), 보도 자료에 포함된 기사 링크가 얼마나 공유되었는지(SNS citation rate) 추적할 수 있다. 앞으로 미디어 관계 관리 PR 전문가는 보도 자료에 대한 반응을 분석할 때 인공지능 도구의 효율성과 PR 전문가의 판단력 사이에서 조화로운 균형 감각을 유지해야 한다.

참고문헌

김병희 외(2025). 《디지털 시대의 PR 용어 300》. 학지사비즈.

뉴스와이어(2015.3.10). "보도 자료 검토 21가지 체크리스트". https://blog.newswire.co.kr/?p=3472

Luttrell, R. & Wallace, A. A.(2025). *Public Relations and the Rise of AI.* Routledge.

The Missouri Group(2004). *News Reporting and Writing(8th edition).* Bedford/St. Martin's.

07
AI와 인플루언서 PR 전문가

인플루언서는 소셜미디어에서 활동하는 유명인이라는 개념을 넘어 PR 메시지를 공중에게 전달하는 디지털 시대의 핵심 소통자가 되었다. 특히 MZ세대는 생활 밀착형 콘텐츠를 제공하는 인플루언서에게 무한한 신뢰를 보낸다. 이런 환경에서 PR 전문가에게 인플루언서와의 전략적 협업은 선택이 아닌 필수가 되었으며, 그 과정을 정밀하고 효율적으로 관리하는 데서 인공지능 기술은 핵심적 도구로 부상했다.

AI와 애니메이션?

인플루언서 선정 방법의 변화

어떤 인플루언서(influencer, 영향을 미치는 사람)를 선정하느냐에 따라 PR 캠페인의 성패가 결정되기도 하지만, 단지 팔로워 숫자가 많다고 해서 그 인플루언서를 선택하던 시대는 끝났다(Yesiglou & Costello, 2020). 사회과학에서 인플루언서의 영향을 분석할 때는 콘텐츠의 일관성, 팔로워의 참여도, 팔로워의 진정성, 브랜드 가치와의 정합성을 종합적으로 고려한다. 인플루언서 PR의 첫걸음은 적절하고 믿을만한 인플루언서를 선정하는 데서 시작된다. 과거에는 주로 팔로워의 숫자나 이미지 위주로 판단했지만, 지금은 콘텐츠의 일관성, 팔로워의 참여도, 브랜드 가치와의 적합성이 더 중요해졌다.

인공지능은 인플루언서를 선정하기 위해 핵심어 기반의 콘텐츠 주제 분류, 해시태그 및 멘션의 빈도 분석, 댓글의 정서(감정) 분석, 팔로워의 진위 여부 점검 같은 방식으로 인플루언서를 분석한다. 인플루언서의 선정 방법이 팔로워의 숫자에서 영향력의 구조로 바뀌고 있는 것이다. 예컨대, 어떤 크리에이터가 패션 관련 인플루언서라 할지라도 실제로는 지속 가능성이나 성 평등에 관련된 콘텐츠를 주로 생산한다면, ESG 브랜드와의 협업이 적합하다고 평가할 수 있다. 영향력 있는 인플루언서를 잘만 선정한다면 100만 명 이상의 팔로워를 보유한 메가 인플루언서(mega influencer, 골리앗)를 굳이 고집할 필요는 없다. 팔로워 5만에서 50만 명 사이의 팔로워를 보유한 마이크로 인플루언서(micro-influencer, 다윗)라 할지라도 브랜드 가치와의 정합성이 높다면, 골리앗이 아닌 다윗과 함께 PR 캠페인을 성공적으로 전개할 수 있다(Park et al., 2021).

필요에 알맞은 더 효과적인 인플루언서를 알려주는 인공지능 도구의 종류는 매우 많다. 하이프오디터(Hype-Auditor)는 인플루언서의 성과와 팔로워의 진정성을 분석한 다음 어떤 인플루언서가 현재의 추세에 더 강한 영향을 미치는지 알려주며, 인플루언서티(Influencity)는 인플루언서 마케팅 캠페인의 효과를 분석해서 추세에 맞는 인플루언서를 찾도록 도와준다. 인플루언서 PR 전문가가 우리나라에서 가장 영향력 있는 인플루언서 데이터를 다각도로 분석해 순위를 매기는 아이엠알(IMR: Influencer Multi-Platform Ranking) 같은 인공지능 도구를 활용한다면 수많은 인플루언서 중에서 최적의 인플루언서를 빠르게 추려낼 수 있다.

이 도구들은 인플루언서가 과거에 제작한 콘텐츠의 주제, 언어 스타일, 해시태그, 멘션 패턴, 댓글 감정을 분석한 데이터를 바탕으로 수천 명의 인플루언서를 평가하고 순위를 매긴다. 특히 팔로워 중에서 봇(bot) 계정이나 비활성 계정의 비율, 광고 위주의 계정 여부, 그리고 다른 브랜드와의 충돌 가능성은 정성적으로 파악하기 어렵지만, 인공지능 도구를 활용해 효율적으로 진단할 수 있다. 어쨌든 인공지능 도구를 활용하면 인플루언서가 관리하는 콘텐츠의 성향은 물론 팔로워의 정서적 반응까지도 정량적으로 알 수 있으므로 인플루언서 PR 전문가에게 많은 도움이 된다.

가상 인플루언서의 등장

2020년 이후부터는 인공지능이 생성한 가상 인플루언서(virtual influencer)가 다수 등장했다. 가상 인플루언서는 인공지능과 3차원 그래픽으로 만들어진 가상의 인물로, 실제 사람처럼 소셜미디어 계정을 운영하면서 PR 활동을 수행할 수 있다. 이들은 실제 세계에는 존재하지 않지만 소셜미디어 콘텐츠, PR 메시지, 인터뷰 메시지를 전달하면서 현실의 인플루언서처럼 활동한다. 공중과 소통하지만 아무래도 진정성이 부족하다는 비판을 받을 수밖에 없다. 이런 비판에 대응하기 위해 가상 인플루언서에게도 정치적 입장, 가치관, 취미, 관계성을 부여하는 서사 중심의 스토리텔링 전략을 도입하는 사례도 늘고 있다.

미국의 인공지능 스타트업 기업인 브러드(Brud)에서 탄생해 주목받은 릴 미켈라(Lil Miquela)와 버뮤다(Bermuda), 영국의 사진작가 캐머런제임스 윌슨이 제작한 슈두(Shudu) 같은 가상 인플루언서들이 패션, 뷰티, 음악 같은 여러 분야에서 활발한 활동을 펼치고 있다. 짙은 눈썹과 주근깨로 유명한 릴 미켈라는 인스타그램의 팔로워 300만 명을 거느린 가상 인플루언서다. 국내에서도 뛰어난 패션 감각과 발랄한 말투로 주목받은 로지(Rozy)나 노래 커버의 유튜버 루이 같은 가상 인플루언서들이 적극적인 활동을 펼치고 있다. 가상 인플루언서가 등장함에 따라 PR 산업계에도 새로운 전략과 새로운 PR 감수성이 필요해졌다.

가상 인플루언서를 PR 캠페인에 활용할 경우에 장점과 한계가 동시에 존재한다. 가상 인플루언서의 장점은 스캔들을 유발할 가능성이 없기에 논란 가능성을 최소화할 수 있고, 24시간 동안 활동할 수 있기에 PR 활동의 매력적인 파트너가 될 수 있다는 점이다. 그리고 메시지를 완벽히 통제할 수 있기에 일관된 브랜드 정체성을 유지할 수 있고, 언어와 문화에 맞춰 PR 메시지를 쉽게 조정할 수 있으므로 PR 메시지의 글로벌 확산이 쉽다는 사실도 가상 인플루언서의 장점이다.

반면에 가상 인플루언서는 진짜 사람이 아니라는 거리감이나 공감력과 진정성의 부족이라는 한계도 여전히 존재한다. 인플루언서 PR 전문가들은 이 문제를 극복하기 위해 가상 인플루언서에게 스토리텔링 서사와 사회적으로 가치 있는 메시지를 부여하는 방식을 모색하고 있다. 가상 인플루언서를 활용한 PR 활동의 성공 여부는 기술적 정교함이 아니라, 정서적 몰입을 유도하는 관계의 설계에 있다. 감정 이입이 가능한 서사(narrative) 구조를 잘 만드는 것이 인플루언서 PR 활동의 핵심이 될 것이다.

감정 분석 도구의 활용

인플루언서 PR에서 가장 어려운 지점은 바로 진정성을 확보하는 문제다. 공중과 소비자들은 인플루언서가 전하는 내용이 실제로 이용한 경험을 바탕으로 말하는 것인지, 아니면 그렇지 않은 PR 메시지인지에 대해 매우 민감하게 반응한다. 단순한 협찬 게시물에 대해서는 공중과 소비자들이 무감각하게 받아들이거나 냉소적으로 반응한다. 특히 MZ세대의 경우에는 영혼 없는 PR 메시지에는 반응하지 않고, 경험해 본 내용을 깨알같이 정리한 진심 어린 후기(後記)를 더 신뢰한다.

돈이나 협찬을 받았으면서도 "내돈내산(내 돈 주고 내가 산) 후기"나 "솔직 리뷰" 같은 표현을 써서 2020년 8월에 사회적 논란을 일으켰던 '뒷광고' 문제는 진정성을 확보하는 데 실패한 대표적 사례다. '뒷광고'란 인플루언서가 특정 업체로부터 협찬이나 금전적 대가를 받고 유튜브 등의 매체를 통해 알리면서도 그런 사실을 표기하지 않는 콘텐츠를 말한다(김병희, 2022). 문제가 된 인플루언서들은 잘못을 인정하고 은퇴 선언을 했지만, 나중에 슬그머니 다시 복귀해 여론의 질타를 받기도 했다. 공정거래위원회는 이 문제를 해결하기 위해 '추천 · 보증 등에 관한 표시 · 광고 심사 지침' 개정안을 2020년 9월 1일부터 시행하고, 협찬이나 광고 계약에 따라 방송한다면 유튜브 영상에서 '광고 · 협찬'이라고 정확히 표시하도록 규정했다.

인플루언서 PR 전문가는 인공지능 도구를 활용해 팔로워의 반응에 대한 감정 분석(sentiment analysis)을 시도할 수 있으며, 그 결과를 통해 진정성을 탐지할 수 있다. 부정 댓글의 급증, 혐오 표현의 증가, 논란의 씨앗 같은 위험 요소에 관련된 징후를 조기에 탐지하고자 할 때도 감정 분석을 시도할 수 있다. 게시물의 댓글 내용이 "진심인 듯" 또는 "이건 진짜 써보고 말하는 거 같아" 같은 긍정적 감정일 때, 인공지능은 해당 인플루언서의 '공감 지수'를 높게 평가한다. 인공지능 도구를 활용하면 댓글이나 반응 메시지를 분석하여 산출한 감정적 진정성 지표(sentiment authenticity score)를 얻을 수도 있다. 예컨대, "이건 광고나 PR 같지 않고 진짜 쓰는 것 같다" 같은 표현은 긍정적 감정과 함께 신뢰 기반의 반응 메시지로 분류된다. 감성 분석 인공지능 도구를 활용하면 인플루언서 콘텐츠에 대한 공중과 소비자의 반응을 감정 스펙트럼으로 시각화해 준다. 결국 인공지능의 감정 분석은 PR 메시지의 느낌과 방식(tone & manner)을 과학적으로 측정하는 것이라 할 수 있다.

자동 매칭 플랫폼의 활용

자동 매칭 플랫폼은 PR 캠페인의 출발 지점을 바꾸는 인공지능 기술이다. 인공지능은 인플루언서 PR 캠페인의 출발점인 '매칭' 과정에서도 혁신을 일으키고 있다. 과거에는 브랜드 담당자가 직접 인스타그램 계정을 검색하거나 PR 회사의 추천을 받아 인플루언서를 선정했다면, 지금은 자동 매칭 플랫폼이 PR 캠페인의 조건에 맞춰 가장 적합한 인플루언서를 추천한다. 어떤 플랫폼에 예산 범위, 목표 시장, 콘텐츠 유형, 소셜미디어 채널, 언어권, PR 캠페인의 목적을 입력하면 적합한 인플루언서를 순위별로 보여준다. 인공지능은 과거에 전개한 PR 캠페인의 자료를 학습해 성공할 가능성이 높은 인물을 제안한다. 인플루언서와 브랜드를 연결하는 각종 플랫폼에서는 인공지능 기반의 자동 매칭 기능을 통해 PR 캠페인의 성격, 예산, 목표 공중, 기대 효과 등을 입력하면 적합한 인플루언서 후보를 추천해 준다. 플랫폼에서는 콘텐츠 승인, 게시 일정, 보상 조건, 후기 수집까지의 전 과정이 자동화되기 때문에, 인플루언서 PR 전문가는 시간을 절약하고 실수도 줄일 수 있다. 인공지능은 과거 유사 캠페인 데이터를 학습해 유사한 브랜드 성격과 목표 시장에서 효과가 입증된 인플루언서를 우선 추천하는 방식으로 정교하게 설계되고 있다.

최근에는 인플루언서 PR 활동에서 위험 관리(risk management)가 더욱 중요해졌다. 앞으로는 인공지능에게 위험 관리의 중요성을 특별히 강조할 필요가 있다. 인플루언서 PR는 인공지능 기술을 통해 보다 정교해지고 자동화되었지만, 신뢰와 진정성으로 감정을 연결하는 인간적 요소가 여전히 중요하다. PR의 본질은 관계

관리이며 신뢰와 공감 그리고 진정성이 중요하기 때문이다. 인플루언서 PR 캠페인에 성공하려면 인공지능 도구를 업무 파트너로 활용하되, 메시지와 커뮤니케이션 전략은 인플루언서 PR 전문가 스스로 설계하는 데서 출발해야 한다.

참고문헌

김병희(2022). "인플루언서의 뒷광고 논란". 《김병희 교수의 광고 읽는 습관》, 51~57쪽. 좋은습관연구소.

Park, J. et al.(2021). David and Goliath: When and Why Micro-Influencers are More Persuasive than Mega Influencers. *Journal of Advertising, 50*(5), pp.584~602.

Yesiglou, S. & Costello, J.(2020). *Influencer Marketing: Building Brand Communities and Engagement.* Routledge.

08
AI와 PR 리서치 전문가

PR 리서치는 PR 메시지의 방향을 설계하고 PR 효과를 정량적으로 측정하기 위해 실시하는 조사 과정으로, PR 캠페인을 기획하고 실행하고 평가하는 데 반드시 필요하다. 설문조사나 초점 집단 면접(FGI) 같은 전통적인 연구 방법이 여전히 널리 쓰이고 있지만, 디지털 시대에 접어들어서는 실시간, 자동화, 대규모 분석이 가능한 인공지능 시스템이 등장함으로써 PR 리서치의 속도와 깊이와 범위를 혁신하고 있다.

AI와 인재 채용?

PR 리서치 기법의 차이

전통적인 PR 리서치(조사)에서는 인쇄물 내용, 방송 내용, 언론 보도 내용 같은 정형 데이터를 대상으로 분석하는 방법을 추구했다. 자료 수집은 수작업으로 이루어졌고, 설문 조사는 사전에 기획된 질문 항목을 바탕으로 면접 조사를 하거나 온라인 조사를 시행했다. 일정한 시간과 비용을 들여 질문 항목을 확정하고 자료를 수집하고 분석하는 과정을 거치는 설문 조사 기법은 많은 장점에도 불구하고, 표본 오차나 가외 변인의 영향에 따라 조사 결과가 신뢰도와 타당도를 확보하지 못할 때는 일반화 가능성이 낮아진다는 문제점도 있었다.

반면에 인공지능 기반의 PR 리서치에서는 뉴스 기사나 소셜미디어 등에서 수집한 대규모의 각종 비정형 데이터(텍스트, 이미지, 영상 등)를 실시간으로 자동 수집하고 분석하는 기술을 활용한다. 또한, 인공지능 리서치 도구는 감성 분석, 핵심어 분석, 이슈 확산 분석, 연관 주제 분석을 위해 자동으로 대규모의 빅데이터를 실시간으로 종합해 역동적이고 다차원적인 분석 결과를 제시해 준다. 전통적인 PR 리서치에서는 예상치 못한 이슈나 감정의 흐름을 실시간으로 포착할 수 없었지만, 인공지능 기반의 PR 리서치에서는 이 문제도 해결했다.

전통적인 PR 리서치와 인공지능 기반의 PR 리서치의 대표적 차이는 이렇다. 전통적인 PR 리서치의 데이터 출처가 설문 응답자라면, 인공지능 기반의 PR 리서치에서는 소셜미디어 콘텐츠, 뉴스 보도 내용, 리뷰와 댓글 같은 비정형 데이터가 데이터 출처다. 전통적인 PR 리서치에서 통계 원리에 따라 수집된 자료를 분석한다면, 인공지능 기반의 PR 리서치에서는 자연어 처리(NLP)와 기계학습(machine learning)에 따라 자료를 분석한다. 조사 방식의 차이는 PR 전문가의 의사 결정 속도와 방향에 상당한 영향을 미친다. 전통적인 PR 리서치에서는 설문 조사를 통해 위기에 대한 인식과 대응 방안을 알아보았다면, 인공지능 기반의 PR 리서치에서는 소셜미디어에 자발적으로 올린 수천 건의 텍스트를 분석해 긍정·중립·부정의 비율, 연관 핵심어, 정서의 차이를 자동으로 추출해 의도하지 않은 감정과 이슈의 흐름을 실시간으로 포착할 수 있다.

인공지능을 활용한 리서치 기법

PR 리서치 전문가가 인공지능 기반의 조사 기법을 깊이 이해하고 활용하면 업무에 도움이 될 것이다. 자신이 분석 프로그램을 실행해 분석 결과를 얻을 수 있다면 좋겠지만, 그렇지 못할 때는 전문 조사 회사에 맡겨 조사 결과의 내용을 충분히 해석할 정도로 조사 전반에 대한 지식을 갖춰야 한다. 인공지능 기반의 조사 기법은 사전에 PR 캠페인을 기획할 때, 캠페인을 실행할 때, 캠페인을 마치고 사후에 PR 성과를 평가할 때, 두루 활용할 수 있다. 이때 인공지능은 단순한 수단이 아닌 의사 결정에 영향을 미치는 판단 도구가 된다. 인공지능 도구를 활용한 주요 PR 리서치 기법은 다음과 같다.

첫째, 소셜 리스닝(social listening) 기법으로, 소셜미디어나 뉴스 댓글에 올린 공중의 의견을 실시간으로 수집하고 분석해 중요한 발견 사항을 경청하는 것이다. 이때 의견의 빈도나 물량을 단순히 집계하는 것을 넘어, 특정 핵심어의 출현 빈도, 감성의 변화, 해시태그의 확산 경로를 실시간으로 추적함으로써 여론의 추이를 감지할 수 있다. 언급 내용과 빈도, 감성 정도, 확산 속도를 종합해 시간의 흐름에 따라 변화의 패턴을 분석하는 이 기법을 활용하면 위기의 발생을 조기에 탐지하거나 어떤 PR 캠페인에 대한 공중의 반응을 측정할 수 있다(정원준, 2022a).

둘째, 감성 분석(sentiment analysis) 기법으로, 특정 핵심어나 문장에 포함된 정서적 뉘앙스를 긍정, 부정, 중립으로 분류하거나 분노, 슬픔, 기대, 환희 같은 더 세분된 감정으로 나눌 수 있다. 그러나 언어나 문화권에 따라 감성 분석의 정확도가 완전하지 않고 다르므로, 인공지능이 문맥을 완전히 이해하지는 못한다는 한계를 알고 활용해야 한다. 인공지능은 문맥에 따른 의미 변화, 반어법, 유머, 이중 부정 표현을 이해하지 못한다. "이 브랜드는 늘 기대를 저버리지 않네. 이번에도 실망이야"라는 말의 앞 문장은 겉으로는 긍정 표현이지만 실제 뜻은 부정 표현이다. "이 브랜드는 별로 기대 안 했는데 꽤 괜찮네"라는 문장에는 표면적으로 부정적 단어('별로', '기대 안 함')가 있지만, 실제의 뜻은 긍정에 가깝다. 감성 분석의 정확도는 평균 70~85% 정도이며, 언어의 맥락과 이슈의 민감도에 따라 편차가 크기 때문에, PR 리서치 전문가는 감성 분석의 결과를 그대로 신뢰하기보다 반드시 정성적 맥락을 검토해야 한다.

셋째, 텍스트 마이닝(text mining) 기법으로, 문자 그대로 텍스트를 채굴한다는 의미이며, 글자로 된 자료를 수집하고 분석해서 유용한 정보를 뽑아내는 기술이다. 자연어 처리 기반의 텍스트 마이닝은 언어학, 통계학, 기계 학습을 기반으로 하는 자연 언어 처리 기술을 활용해 반정형 및 비정형 텍스트 데이터를 정형화해 의미 있는 정보를 제공한다. 뉴스 기사, 게시글, 리뷰 같은 대규모의 텍스트에서 특정 단어나 문장의 빈도, 위치, 상관관계를 분석해 의미 있는 패턴을 찾아낼 수 있기에, PR 메시지를 설계하거나 핵심어를 추출할 때 많은 도움이 된다(정원준, 2022b).

넷째, 토픽 모델링(topic modeling) 기법으로, 비정형 텍스트에서 관련된 단어나 주제끼리 자동으로 묶어낸 다음 주제어의 관련성을 분류하기 때문에 비정형 데이터를 분석할 때 특히 유용하다. 대규모의 텍스트 데이터에서 핵심 주제를 추출하고, 서로 유사한 문서나 단어를 묶어주는 효과적인 분석 기법이다. 대규모의 텍스트 본문에 숨어 있는 의미 구조를 발견할 수 있어, PR 메시지 전략을 수립할 때 많은 도움이 된다. 나아가 관련 단어끼리 군집화시켜 주요 주제를 도출하거나 다양한 하위 담론을 도출할 수 있고, 연관 이슈의 흐름을 파악할 때도 유용하다.

다섯째, 예측 모델링(predictive modeling) 기법으로, 텍스트 마이닝에서 미래의 행동이나 변화될 결과를 사전에 예측할 때 주로 사용한다. 인공지능의 기계 학습 알고리즘을 바탕으로 PR 캠페인의 효과를 사전에 예측하거나 목표 공중의 반응을 가상적으로 추정할 수도 있다.

데이터 수집, 통계 모형의 설정, 예측 모형의 검증 과정을 거친 다음에 최종적인 결과 모형을 도출한다. 인공지능 알고리즘이 과거의 데이터를 바탕으로 여론의 흐름, 위기 발생의 가능성, 메시지의 수용도를 예측해 주기 때문에 PR 캠페인의 전략 수립 단계에서 상당한 도움을 얻을 수 있다.

인공지능 도구를 활용한 리서치에서 분석 결과의 신뢰도와 타당도를 높이기 위해서는 본격적인 자료 분석에 앞서 데이터 마이닝을 체계적으로 실시해야 한다. 마이닝은 광부가 석탄을 채굴(mining)하듯 방대한 데이터 중에서 의미 있는 자료나 정보를 찾아내는 과정이며, 데이터 마이닝이란 대규모의 자료에서 패턴, 규칙, 관계를 발견하고 이를 바탕으로 유용한 정보를 추출하는 과정이다. 데이터 마이닝은 데이터 준비, 자료의 탐색, 모델링(분류 classification, 군집화 clustering, 연관 규칙 학습 association rule learning, 회귀분석 regression analysis), 모형 평가, 지식(발견 사항)의 보고라는 5단계의 과정을 거치게 된다(정인준, 2022a, 2022b).

정확도 문제와 윤리성 문제

인공지능 기반의 PR 리서치에서는 자료 수집과 분석이

편리하지만, 윤리적 쟁점과 데이터 해석에서 한계점도 있다. 인공지능 도구를 활용해 조사할 때는 정확도 문제와 윤리성 문제를 반드시 고려해야 한다. 사용자의 동의 없이 수집한 데이터나 편향된 알고리즘은 물론 과도한 자동화는 PR 리서치의 신뢰성을 해칠 수 있다. 인공지능 기반의 리서치에서는 효율성과 책임성 그리고 해석의 윤리를 동반해야 하며, 분석 결과의 타당성을 담보할 근거를 반드시 제시해야 한다(Bowen, 2024).

PR 리서치 전문가는 조사를 시작하기 전에 세 가지 사항을 고려해야 한다. 첫째, 공개되지 않은 게시물이나 비공개 그룹의 콘텐츠를 무단으로 분석하면 개인정보를 침해할 소지가 있으므로, 비공개 계정이나 익명 사용자의 정보를 무단으로 분석하는 것을 금지하는 개인정보 수집의 윤리 문제를 생각해야 한다. 둘째, 인공지능이 학습한 데이터 유형이 어떤 정치 성향이나 문화의 특수성 또는 어떤 연령대를 과도하게 반영할 때는 왜곡된 분석 결과가 도출될 수 있다는 알고리즘의 편향 문제도 유념해야 한다. 셋째, 분석 과정이 불투명하면 결과를 신뢰할 수 없으므로 사용자의 지침에 따라 결괏값을 해석해야 한다는 해석의 투명성 문제를 깊이 숙고해야 한다.

인공지능을 활용해 PR 리서치를 진행하면 어떻게든

결괏값을 얻을 수 있지만, 결과 해석에 대한 책임은 결국 인간에게 있다. 인공지능은 가공되지 않은 데이터를 가져오기 때문에, PR 리서치 전문가는 개인의 프라이버시 침해, 허위 정보의 왜곡, 편향적 알고리즘 문제를 정확히 통제해야 한다. 따라서 PR 리서치 전문가는 인공지능이 제공하는 수치를 맹신만 하지 말고, 인공지능을 사고와 판단의 도구로만 활용해야 하며, 반드시 자신의 판단을 바탕으로 결괏값을 신중하게 해석해야 한다. PR 리서치 전문가는 단지 자료를 수집하는 기능인이 아니라, 데이터를 속속들이 들여다보는 PR 메시지의 지혜로운 해석자가 되어야 한다.

인공지능 기반 PR 리서치의 미래

앞으로 PR 리서치는 설문 조사에서 데이터 분석을 거쳐 PR 효과 평가라는 일방적 흐름에서 벗어나, 실시간으로 관찰하는 순환 구조로 진화할 것이다. 실시간으로 여론을 감지하고, PR 메시지를 조정하며, 공중의 반응을 분석해 PR 전략을 재설계하는 피드백 중심의 리서치 체계를 구축해야 한다는 뜻이다. 앞으로 디채널 통합 분석(integrated multichannel analytics)도 강화될 것이다. 과거에는 PR 메시지의 수용도를 미디어에 따라 별도로 분석했지만, 이제는 같은 메시지가 다양한 플랫폼에서 어떻게 다르게 수용되는지를 통합적으로 분석해야 한다. 인공지능 도구가 없으면 불가능한 분석 작업이다.

실시간 피드백의 리서치 구조로 PR 리서치의 패턴을 바꾸는 작업도 시급하다. 전통적인 리서치가 사후 분석 위주였다면, 인공지능 기반의 리서치에서는 사전 경고, 실시간 조정, 사후 분석을 통합한 실시간 피드백의 구조로 진화해야 한다. 예컨대, 특정 해시태그의 확산이 급증하면 그 원인을 분석하고 대응 PR 메시지를 즉각 투입하는 방식이다. 또한, 감정의 흐름과 정서적 연결 지점까지 분석하는 감정 기반의 전략 설계를 바탕으로 감정적 설득의 스토리텔링 위주로 PR 전략을 전환할 기반을 마련해야 한다. 나아가 PR 리서치 전문가는 텍스트, 이미지, 영상, 음성까지 통합 분석하는 인공지능의 '멀티모달 데이터 분석' 기법도 두루 활용해야 한다.

인공지능 도구는 PR 리서치의 무기이자 동반자다. 하지만 아무리 정교한 알고리즘도 인간의 상황 이해력과 해석력 및 윤리적 판단을 대체할 수는 없다. PR 리서치 전문가는 인공지능 도구를 활용해 더 포괄적인 정보를 수집해 더 빠르게 분석하되, 데이터가 통찰로 연결되도록 인간적 해석과 전략적 사고를 결합해야 한다. PR 리서치 전문가는 수많은 도구와 수치를 마주치게 되겠지만, 무엇을 수집해 어떤 의미로 해석할 것인지 현명한 판단력을 갖추도록 노력해야 한다. 데이터가 가능성을 말한다면 인간은 방향성을 결정한다. 인공지능 기반의 PR 리서치는 기술보다 사람에 가까워야 한다. 그것이 PR 리서치의 진정한 미래다.

참고문헌

정원준(2022a). 《NetMiner를 활용한 소셜미디어 분석 기법과 활용》. 학지사.

정원준(2022b). 《NetMiner를 활용한 빅데이터 텍스트 분석 기법과 활용》. 학지사.

Bowen, S. A.(2024). "If It Can Be Done, It Will Be Done": AI Ethical Standards and a Dual Role for Public Relations. *Public Relations Review, 50*(5), pp.1~13.

09

AI와 통합적 경계 확장자

디지털 시대의 PR 전문가는 광고, 마케팅, 브랜딩, 소셜 커뮤니케이션, 고객 관리, 디지털 콘텐츠, 정책 소통 분야까지 아우르며 여러 분야를 유기적으로 융합시키고, 조직의 내·외부를 연결하며 여러 영역의 경계선을 넘나드는 경계 확장자로 진화하고 있다. PR 전문가는 캠페인 과정에서 인공지능 도구를 활용해 새로운 역량과 전략을 구사함으로써 PR에 관한 기존의 정의와 범위를 넘어서 PR의 경계를 확장해야 한다.

AI와 기자?

통합적 경계 확장자의 역할

전통적으로 PR와 광고는 목적과 특성이 뚜렷이 구분됐다. 광고는 명시적 메시지를 유료 매체를 통해 전달하는 반면에, PR는 신뢰와 자연스러운 관계 형성을 중시해 왔다. 하지만 디지털 시대에 접어들어 PR와 광고는 계속 융합되고 있으며, 인공지능 기반의 콘텐츠 생성 도구가 등장하자 두 영역의 경계가 모호해지는 사례도 늘고 있다. 인공지능 도구는 콘텐츠 형식 간의 변환을 쉽게 자동화함으로써 PR 콘텐츠를 광고 메시지로 전환하고, 광고 콘텐츠에 PR의 특성을 부여하기도 한다.

예컨대, 챗GPT, 재스퍼, 라이트소닉, 카피.에이아이, 겟지니 같은 인공지능 콘텐츠 생성 도구는 보도 자료, 인터뷰 초안, 광고 카피, 소셜미디어 콘텐츠, 유튜브 영상, 스크립트 랜딩 페이지 문구 같은 다양한 형식의 텍스트를 생성할 수 있어 PR 콘텐츠를 광고화하고, 광고 콘텐츠에 PR적 설득력을 부여할 수 있다. 하나의 메시지를 다양한 채널에 맞춰 변형하는 메시지의 멀티 채널 최적화 전략이 가능해진 것이다. PR 콘텐츠가 브랜드 캠페인으로 재해석되며 기존의 광고 영역을 대체하거나 보완하기도 한다. 인공지능은 특히 신제품 PR나 사회공헌 활동은 물론 위기 대응 캠페인에서 광고와 PR의 경계를 무너뜨리고 있다.

이러한 환경 변화에 맞춰 디지털 시대의 PR 전문가는 조직의 내부와 외부를 연결하고 마케팅, 광고, PR, 문화 콘텐츠 간의 경계를 넘나드는 통합적 경계 확장자(boundary spanner)가 되어야 한다. 인공지능 기술은 PR가 광고, 마케팅, 고객 관리, 정책 소통 같은 여러 분야와 유기적으로 융합할 수 있는 도약의 발판을 제공했다. 이런 변화는 앞으로 PR가 조직 커뮤니케이션 전략의 중심축으로 부상할 수 있다는 가능성을 의미한다. 더욱이 인공지능은 PR와 마케팅 사이의 통합을 넘어, 상호 유기적으로 작동할 콘텐츠 생태계를 구축할 수 있게 했다. 소비자의 댓글을 분석해 PR 메시지를 설계하고 이를 브랜드 PR 캠페인으로 확장한다면 유입과 전환을 자연스럽게 유도할 수 있다. 인공지능은 빅데이터를 분석해 공중의 행동 패턴을 예측하고 타깃 맞춤형 콘텐츠를 실시간으로 제공함으로써, 마케팅 PR 캠페인의 통합적 실행력을 강화했다. 과거에는 PR가 브랜드 이미지를 관리하고 마케팅은 구매를 유도했다면, 지금은 하나의 메시지 안에서 PR의 신뢰성과 마케팅의 행동력이 공존하는 전략을 구사할 수 있다.

예컨대, 소셜 리스닝 도구를 통해 고객의 불만을 탐지

하고 이를 바탕으로 PR 캠페인을 기획하면, 해당 PR 메시지가 문제 해결에 기여하고 수용자 행동을 유도하는 마케팅 효과까지 기대할 수 있다. 인공지능은 모든 과정에서 데이터의 실시간 피드백, A/B 테스트, 소비자 반응의 예측을 자동으로 처리해 실행 속도와 효율성을 높일 수 있다. PR인들이 경계를 넘나들며 통합적 경계 확장자의 역할을 충실히 수행한다면 데이터 기반의 맞춤형 PR 캠페인의 성공 가능성을 높일 수 있다.

통합적 브랜드 커뮤니케이션

통합적 브랜드 커뮤니케이션(IBC: Integrated Brand Communication)에서는 어떤 브랜드가 고객과의 모든 접점에서 일관된 경험을 제공한다는 목표를 지향한다. 모든 수단을 통합해 운영하려는 방안이 통합적 마케팅 커뮤니케이션(IMC: Integrated Marketing Communication)이며, PR는 전략을 전개하는 과정에서 콘텐츠의 느낌과 방식, 메시지 설계, 메시지의 전달 시점을 조율한다. 인공지능 도구는 통합적 브랜드 커뮤니케이션(IBC)의 과정에서 일관된 메시지를 다양한 접점에서 반복 노출해 브랜드에 대한 연상을 강화하고, PR 메시지의 자동화와 정밀화에 이바지하며 다양한 채널에 메시지를 일관되게 통합시킨다.

PR인들이 통합적 경계 확장자의 관점에서 인공지능 도구를 활용하면 채널별 메시지의 최적화 기능이나 콘텐츠의 반응률과 도달률을 사전에 분석해 전략 수정을 도와주는 성과 예측 및 피드백 기능에서 깊은 통찰을 발견할 수 있다. 인공지능은 공중의 데이터를 바탕으로 PR 메시지의 배포 시점, 채널별로 최적화된 PR 메시지, 채널별 맞춤형의 콘텐츠 포맷을 추천해 주기도 한다. PR는 이런 과정을 거쳐 마케팅, 광고, 문화 콘텐츠의 연결 고리가 되어 소통 전략을 통합하고 조율하는 중심축으로 기능할 수 있다. 허브스팟(HubSpot)이나 세일즈포스(Salesforce) 같은 도구는 PR 팀과 마케팅 팀이 공유할 수 있는 대시보드와 콘텐츠 지도를 제공하여 실행의 일관성과 성과의 통합 측정을 가능하게 한다.

디지털 생태계가 오프라인 생활공간을 두루 점령하면서 소비자 의사 결정 여정(CDJ: Customer Decision Journey)도 중요해졌다. 이 모델은 제품을 알리고 소비자가 제품을 구매하는 것으로 끝나던 전통적인 마케팅 모델과 달리, 소비자의 구매 과정을 파악하면 소비자가 구매를 결정하기까지 어떤 과정을 거치는지 설명해 준다. 디지털 생태계에서 무수한 사이트와 콘텐츠가 실시간으로 생성되기 때문에, 디지털 마케팅에서 가장 중요한 것은 트래픽(traffic)을 만드는 일이다. 전통 마케팅에서는 제조회사 중심으로 '생산→광고→유통→구매→고객 관리'의 단계로 마케팅 과정이 분리됐지만, 디지털 마케팅에서는 데이터 기반의 플랫폼에서 철저히 소비자 중심으로 '고객 유입→체류→전환→구매→확산'의 단계로 마케팅 과정이 유기적으로 흘러간다(김유나, 2023). 인공지능 도구는 소비자 의사 결정 여정의 흐름을 분석하고, 각각 다른 진입 시점과 행동 패턴을 식별하여 맞춤형 PR 메시지를 자동으로 제안해 준다. 이 여정에서 PR인들은 자신이 통합적 경계 확장자라고 생각하며 단계마다 소비자의 주목을 유도할 방안을 실시간으로 파악해 최적의 PR 콘텐츠를 제시해야 한다.

PR 산업의 범위와 영역의 확장

디지털 시대에는 인공지능으로 PR의 경계를 확장하는 전략을 적극적으로 전개해야 한다. 우리나라 PR 산업의 범위와 영역에 대한 PR 전문가들의 인식을 분석한 연구에서는 PR 산업 범위의 포괄적 규정론, 신중한 규정론, 현실적 규정론이라는 3가지 유형으로 구분하고, 그중에서 포괄적 규정론이 가장 우세하게 나타났다고 보고했다(김병희 외, 2025). 포괄적 규정론 차원에서 보면 디지털 시대의 PR 산업 생태계는 인공지능이 등장하기 전에 비해 더욱 다양한 가치 사슬(value chain) 체계를 보여준다. 디지털 시대의 PR 산업은 크게 7가지 영역으로 구분할 수 있다(김병희 · 김현정, 2024).

첫째, 언론 PR 대행업(①언론 관계, ②미디어 교육 PR 대행업, ③ATL(TV, 라디오, 신문, 잡지) PR 대행업, ④미디어 트레이닝, ⑤미디어 어젠다 및 메시지 개발), 둘째, 온라인 PR 대행업(①소셜미디어 PR 대행(블로그, 인스타그램, 페이스북 등 SNS 활용 커뮤니케이션), ②온라인 PR 대행(뉴스룸, 홈페이지, 댓글 응대), ③인플루언서 커뮤니케이션), 셋째, PR 제작업(①인쇄물 제작업(사내외보 제작 발간, 뉴스 레터 제작 발간, 애뉴얼 리포트 제작 발간 등), ②홍보물품 제작업, ③홍보 영상물 제작업), 넷째, PR 전문 서비스업1(공공 PR 서비스, ①정부 관계, ②공공 · 외교 PR 대행 및 컨설팅, ③정치 PR(정당, 의정 활동), ④헬스(보건) 커뮤니케이션, ⑤지역사회 관계, ⑥비영리단체(NGO) 관계, ⑦문화 예술 PR, ⑧스포츠 PR), 다섯째, PR 전문 서비스업2(기업 PR 서비스, ①PR 기획 및 관리, ②위기관리, ③쟁점 관리, ④PR 컨설팅,⑤투자 관계(IR), ⑥종업원 관계(사내 커뮤니케이션), ⑦스피치 커뮤니케이션, ⑧글로벌 PR), 여섯째, PR 전문 서비스업3(가치 제고 서비스, ①CPR(기업의 비전, 기업 이념 설정 등), ②CSV(CSR), ③CI(기업 아이덴티티 및 기업 이미지), ④ESG, ⑤평판 관리, ⑥PI), 일곱째, 브랜드 PR업(①마케팅 PR, ②BI, ③브랜드 저널리즘, ④소비자 관계, ⑤이벤트 PR(전시, 컨벤션, BTL), ⑥기업 홍보관/기업 역사 박물관/상품 전시관 구축 및 관리업)이 있다. 이 기준은 PR 산업 통계 조사를 위한 현실적 기준과 가이드라인으로 제시되었다.

앞으로도 인공지능 도구는 PR의 범위와 영역을 확장하는 동시에 PR 회사 내부와 외부에서 PR의 역할과 기능을 넓혀나갈 것이다. 인공지능은 분명히 PR 회사의 구조를 바꿀 변화의 동력이자 PR의 위상과 선한 영향력을 사회 속에 제고하는 기술로 자리 잡았다. PR의 역할과 기능을 넓혀나갈 인공지능 도구의 활용법을 살펴보기로 하자.

첫째, 데이터 기반의 스토리를 설계하는 도구로 인공지능을 활용할 수 있다. 이제, PR인이 급변하는 PR 환경에 대응하려면 인공지능이 제공해 주는 데이터 분석 자료를 바탕으로 데이터 기반의 스토리를 기획해야 한다. 정부나 공공기관은 물론 비정부기구(NGO)에서 정책PR

캠페인을 전개할 때 기존의 데이터를 바탕으로 맞춤형 스토리를 설계한다면 정책 소통에서 상당한 성과를 기대할 수 있다.

둘째, 이슈 예측과 선제 대응 도구로 인공지능을 활용할 수 있다. 인공지능 도구는 여론의 흐름을 조기에 파악할 수 있도록 실시간 정보를 제공해 주기 때문에 PR 캠페인을 선제적으로 기획할 때 많은 도움이 된다. 공공 캠페인을 전개할 때 이슈 예측과 선제 대응이 특히 중요한데, ESG 활동이나 CSR 활동을 전개하는 과정에서 공중의 반응을 분석하고 메시지의 수위를 시기별로 조정할 때도 유용하다.

셋째, 여러 전문가의 협업을 강화하는 도구로 인공지능을 활용할 수 있다. 인공지능 도구를 활용하면 PR 회사 내의 마케팅 전문가, 광고 전문가, 문화 콘텐츠 전문가와 PR 전문가들이 서로 실시간 협업을 할 수 있다. 이때 PR는 조직 전체의 소통을 실행하는 핵심축의 기능을 한다. 인공지능 도구는 PR 전략의 중심을 유지하면서 여러 영역 간의 경계를 넘나들며 PR 콘텐츠를 조율하고 협업을 강화한다.

넷째, 위험 관리를 자동화하는 도구로 인공지능을 활용할 수 있다. 인공지능 도구는 부정적 핵심어의 증가,

여론의 추이 급변, 메시지의 확산 속도를 파악해 위기의 가능성을 자동으로 탐지해 주며, 현실적인 대응 메시지를 사전에 설계해 준다. 인공지능 도구가 위기에 대응할 메시지를 제안해 주면 PR 전문가는 부정적 여론이 확산하기 전에 선제적으로 PR 메시지를 노출함으로써 위험의 확산을 막을 수 있다.

앞으로도 인공지능은 우리나라 PR 산업의 범위와 영역을 확장할 것이다. 이런 상황에서 PR인은 기존에 해오던 전통적인 업무 수행에 머무르기보다 PR 산업의 범위와 영역을 확장할 통합적 경계 확장자로 자리매김해야 한다. 앞으로의 PR 전문가는 조직 내부의 전략과 외부의 데이터를 연결하고 메시지를 통합시키며, PR 캠페인의 실행 과정에서 중심을 잡고 조율하는 통합적 경계 확장자의 역할을 담당해야 한다. 그리고 PR의 경계 확장은 인공지능 도구와 슬기롭게 협업할 때 비로소 가능해질 것이다.

참고문헌

김병희·김현정(2024). “국가 산업통계 분류에서 PR 산업의 범주 신설을 위한 연구”. 한국PR협회.

김병희 외(2025). “디지털 미디어 시대의 PR 산업 규모 측정 방안”. 《PR연구》, 29(2), 103~164쪽.

김유나(2023). “디지털 환경에서 시장 이해하기”. 《디지털 시대의 광고기획 신론》, 137~163쪽. 학지사.

10

PR의 미래와 PR인의 일머리

수작업으로 해 오던 PR 업무의 상당 부분을 이제 인공지능이 맡고 있다. 보도 자료 작성, 콘텐츠 기획, 위기 대응, 여론 분석 같은 업무도 인공지능이 할 수 있다. 앞으로 PR인은 무슨 일을 어떻게 해야 할까? 기술이 진보할지라도 PR는 기술이 아닌 사람이 주도하는 소통에서 시작된다. 인공지능 기술이 발전할수록 PR인의 판단력은 오히려 더 중요해진다. PR인의 일머리는 더욱 정교하고 전략적으로 진화해야 한다.

AI와 미래 의사?

인공지능이 대체할 수 없는 PR인의 역량

인공지능 도구가 보도 자료를 써주고, 공중의 반응을 분석해 주며, 소셜 콘텐츠 영상도 제작해 주고, 위기 대응 메시지도 생성해 준다면, 앞으로 PR인은 무엇을 위해 존재해야 하고 무슨 일을 어떻게 해야 할까? 인공지능 기술이 최고 수준으로 발전해서 PR인의 지혜와 역량을 완전히 대체할 수는 없을까? 인공지능이 PR인이 해오던 일을 완전히 대체할 수 없다면 그 이유는 무엇일까? 사람 처지에서의 주장일 수 있지만, 결론부터 말하자면 인공지능 기술이 아무리 발전하더라도 PR인의 역량을 완전히 대체할 수는 없을 것이다. 인공지능 도구가 대체할 수 없는 PR인의 역량은 다음과 같다.

첫째, 관계 관리와 정서 조율에 강한 PR인의 역량이다. PR 활동은 결국 관계 관리로 귀결된다. 인공지능이 인간의 감정을 흉내 낼 수 있을지라도, 관계의 복잡한 맥락과 섬세한 감정 반응을 읽고 조율하는 인간의 지혜와 경험까지 흉내 낼 수 없다. 인공지능 알고리즘으로 기자와의 신뢰 형성이나 고객과의 공감 유발을 구현하기는 어렵다.

둘째, 문화적 맥락을 깊이 이해하는 PR인의 역량이다. 인공지능 도구는 단어 하나가 다른 뜻으로 받아들여지는 문화적 맥락을 이해하지 못한다. 어떤 때에 표준화 PR 전략을 구사해야 하고, 어떤 경우에 현지화 PR 전략을 구사해야 하는지 인공지능은 알 수 없지만, PR인은 적절한 시점과 정서적 수용성을 고려해 해석하고 판단할 수 있다.

셋째, 위기에 대응하는 직관력과 실행력이 강한 PR인의 역량이다. 위기 상황에서는 매뉴얼보다 맥락의 이해와 직관적 판단이 필요한데, 반복 학습으로 인공지능이 알려주는 정보보다 사람의 의사 결정이 중요하다. 예측하기 어려운 상황에서 빠르게 핵심을 짚어내고 위기를 돌파해 나가는 실행력은 PR인의 경험과 통찰력의 산물이다.

그렇다면 앞으로 PR인은 인공지능을 어떻게 수용하는 것이 좋을까? 인공지능을 회피하는 태도나 비판 없이 받아들이는 태도 모두가 위험하다. 인공지능을 위협적인 기계로만 인식할 필요는 없다. 사람이 해내기 어렵거나 시간이 많이 필요한 작업을 인공지능에게 맡기면 PR 업무에서 생산성이 향상될 것이다. 인간의 상상력을 전제하지 않고 인공지능만 믿는 것은 오만이며, 인간의 상상력만 신뢰하고 인공지능을 활용하지 않는 것은 태만이다. 오만과 태만 사이에서, 인간과 인공지능의 가치 사슬을 정립하는 문제가 정말 시급해졌다(김병희, 2021).

PR인은 인공지능을 업무 확장의 도구이자 전략 실행의 파트너로 받아들여야 한다. 반복 업무는 자동화하고 해석과 창의에 필요한 시간은 인간이 책임지는 구조로 업무를 재설계해야 한다. 반복적인 보고서 작성, 회의록 정리, 보도 자료의 초안 작성 같은 일은 인공지능 도구에 맡기고, PR인은 기획, 해석, 관계 구축에 집중하는 쪽으로 업무의 중심축을 이동시켜야 한다. '30분 회의록 작성' 같은 반복 업무는 노션 인공지능 도구를 활용해 3분 만에 끝내고, 나머지 시간에 새로운 PR 캠페인의 전략 회의를 준비하면 된다. 인공지능 기반의 콘텐츠 자동화를 통해 내부 인력을 전략 설계에 집중시키는 쪽으로 업무 구조를 재편하면 PR 회사의 업무 효율성이 크게 높아질 것이다.

미래의 PR인에게 필요한 핵심 역량

PR 업무는 본질적으로 기획, 생산, 전달, 측정이라는 순환 구조로 이루어진다. 이 흐름 속에서 PR인은 특히 세 가지 역량을 충분히 갖춰야 한다. 문제의 본질을 파악해서 해결 방안을 구조화하는 분석력, 주제에 맞는 PR 목표를 수립한 다음 현실적으로 실행할 수 있는 중장기 계획을 제시하는 기획력, 그리고 복잡한 내용을 공중이 이해하기 쉬운 언어로 풀어내 PR 메시지를 감정적으로 연결하는 언어적 묘사력이 그 세 가지다. PR 회사에서 인공지능 도구를 활용하게 되면서 PR인이 새로 갖춰야 할 역량은 생성형 인공지능을 작동하게 하는 프롬프트 공학(prompt engineering)의 기본 원리를 이해하는 능력이다. 프롬프트란 답을 얻는 데 필요한 입력값이다.

생성형 인공지능은 사람이 '어떻게 질문하고 지시하느냐'에 따라 완전히 다른 결과물을 제시한다. 질문을 가급적 구체적으로 서술하고, 인공지능에게 어떤 기능을 부여하고, 유명인이 쓰는 스타일로 요청해 보고, 결과의 포맷을 구체적으로 지정하고, 원하는 답변 내용의 사례를 제시하고, 결과물을 쓰는 프로세스를 알려주고, 문체와 어조를 구체적으로 지정하고, 답변에 대한 자체 검토를 요청해 봐야 한다. 이 8가지가 생성형 인공지능에게 구체적으로 질문하는 방법이다(김병희, 2025). PR인은 문장의 어조, 길이, 대상, 메시지 목표를 구조적으로 설계하고 요청해, 자신이 원하는 대로 인공지능이 결과물을 생성하도록 프롬프트 작성 능력(prompting skill)을 키워야 한다.

인공지능 도구를 활용할 때 단순히 사용법만 숙지해

도 되겠지만, 인공지능 도구의 다양한 작동 방식과 구조와 기능의 차이를 이해하고 이를 적절하게 조합할 수 있다면 PR인의 역량이 더욱 강화될 것이다. PR인이 업무 전반을 꿰뚫는 크로스 역량을 갖추기를 원한다면 그만큼 다양한 인공지능 도구가 PR 업무 곳곳에 필요해질 수 있기 때문이다. 더욱이 프롬프트 작성 능력은 기본에 해당하며, 인공지능 도구의 기능을 이해하고 조합하여 업무 흐름을 자동화하거나 시각화하는 크로스 역량이 점점 더 중요해질 수 있다.

예컨대, 챗GPT가 초벌로 생성해 준 PR 콘텐츠를 자동으로 문법 오류를 찾아내고 문장이 매끄러운지 검토해 주는 그래멀리(Grammarly)로 다듬고, 노션으로 문서 요약과 회의록 정리를 자동화하고, 수집한 데이터를 자유자재로 시각화할 수 있는 태블로(Tableau)를 활용해 PR 성과를 시각적으로 표현하는 식으로 인공지능 도구를 통합적 업무 흐름으로 연결하는 능력을 갖춰야 한다. 그러나 인공지능이 제공한 결과물에 대해 냉철히 비평하고 윤리 문제를 판단하는 비판적 사고력(critical thinking)이 반드시 병행되어야 한다. 인공지능은 문맥을 잘못 읽거나 사실과 다른 내용을 거짓으로 서술할 수 있기에 PR 전문가는 무엇이 사실이고, 무엇이 설득이며, 무엇이 오해의 소지가 있는지 구별하는 감식안을 길러야 한다.

PR 조직의 변화와 PR 직무의 변화

인공지능 도구를 PR 실무에서 제대로 활용하려면 PR 회사의 조직 구조를 변화시켜야 한다. 조직의 변화는 단순한 기술 투자뿐만 아니라 사람과 문화에 대한 투자로 이어져야 한다. PR 회사는 앞으로 인공지능 기술 기반의 회사로 진화하는 길목에 서 있다는 장기적 안목을 바탕으로, 단기적 성과에 치중하기보다 장기적 안목에서 미래에 투자해야 하고 조직을 기술 기반으로 강화하고 PR인의 역량 개발을 지원해야 한다. 인공지능 기반의 미래를 설계하려면 PR 회사의 조직은 다음과 같은 방향으로 변화해야 한다.

첫째, PR 회사의 조직을 역할 중심에서 기능 중심으로 변화시켜야 한다. PR 회사 내부의 직무 간 경계를 넘어 PR 기능 간의 유기성(有機性, 전체를 구성하는 각 부분이 하나로 조직되어 부분과 전체가 긴밀한 관계를 맺는 성질)을 먼저 고려하는 방향으로 PR인의 인식과 회사 구조를 바꿔야 한다. 예컨대, PR 전략 전문가, 콘텐츠 전문가, 인공지능 기술자를 3인 1조로 구성해서 어떤 PR 캠페인을 위한 프로젝트팀을 가동하다가 그 캠페인이 끝나면 팀을 해체하는 '헤쳐 모여' 방식도 도움이 될 것이다.

둘째, PR 회사의 조직 곳곳에 인공지능 기술을 내재화시켜야 한다. 어떤 PR 회사는 나름의 사정 때문에 인공지능 기술 부분만 외주를 주는 일도 있다. 하지만 어느 시점에 가서는 외주에 의존하지 않고 사내 조직에서 인공지능을 활용한 콘텐츠 생산과 분석 역량을 내재화시킬 현실적인 방안을 찾아야 한다. 사내에 인공지능 실험 공간(AI Sandbox)을 마련한다면 PR 실무자들이 인공지능 도구를 테스트하고 활용법을 공유할 수 있으므로, 직원들의 업무 수행 역량을 장기적 차원에서 강화할 수 있다.

셋째, PR 회사의 조직을 학습 문화가 있는 조직으로 바꿔야 한다. 학습 문화(learning culture)란 단순히 교육을 많이 하는 것이 아니라, 교육과 학습이 구성원의 자발성과 연결돼 조직 전반으로 퍼지며 공유되는 조직 문화다. 학습 문화가 있는 조직은 학습을 업무의 연장으로 인식해 '교육 따로 실무 따로' 하지 않으며 구성원들이 실패를 학습의 일부로 인식하고 도전과 피드백을 두려워하지 않는다. 따라서 PR 회사에서는 학습 문화가 가능한 교육 체계를 마련해 직원들의 역량을 균일하게 높여나

가야 한다.

PR 회사의 조직 변화에 이어 PR 직무에서도 상당한 변화를 앞당겨야 한다. 인공지능의 활용이 일반화된 상황에서 PR 직무의 세분화와 융합이 동시에 진행될 것이다. 새로운 직무로는 다음 영역을 주목할 수 있다. 먼저, 프롬프트 디자이너다. 이들은 생성형 인공지능에 적합하게 지시어를 설계하고 테스트하는 역할을 맡아 PR 메시지를 생성하도록 입력 구조를 설계하는 전문가가 될 것이다. 데이터를 바탕으로 하는 이야기꾼(storyteller)도 주목해야 한다. 분석 데이터를 서사적으로 풀어내는 PR 콘텐츠 기획자인 이들은 데이터를 이야기식으로 전환해 공중의 공감을 유도하게 될 것이다.

나아가 인공지능-인간 인터페이스의 설계자도 주목해야 한다. 공중(인간)과 인공지능 사이에서 소통의 흐름을 조율하는 구조를 설계하는 이들은 인공지능과 사람 사이의 중재자 역할을 할 것이다. 인공지능의 윤리 문제를 검토하는 전문가도 중요한 역할을 할 것이다. 인공지능 사용의 투명성과 윤리성을 점검하는 준법 감시자인 이들은 인공지능이 만든 메시지의 윤리성과 사실성을 점검하는 내부 감사자의 역할을 함으로써, 디지털 시대의 인공지능 윤리 문제를 정립하는 데 이바지할 것이다.

디지털 시대의 PR 활동에서는 개인정보 보호 이슈가 필연적으로 따라온다. 고객, 소비자, 기자, 이해 관계자의 정보가 분석 대상으로 활용될 경우, 이는 민감한 윤리적 문제를 유발할 수 있다. 인공지능이 생성해 준 PR 메시지는 "누가 만들었는가?"라는 주체 문제보다 "어떻게 만들었는가?"라는 출처 문제가 중요해질 수밖에 없다. PR인은 PR 업무를 수행하는 과정에서 정보의 출처, 목적, 편집 과정을 투명하게 공개하는 윤리 기준을 따라야 하며, 의도적으로 조작한 허위 콘텐츠가 인공지능을 통해 확산할 가능성을 방지해야 한다.

유럽연합 법규인 일반개인정보보호규정(GDPR: General Data Protection Regulation, 2018. 5. 25. 시행)이나 미국 캘리포니아주의 캘리포니아소비자프라이버시법(CCPA: California Consumer Privacy Act, 2020. 1. 1. 시행) 같은 글로벌 프라이버시 법규를 무시하면(KOTRA 유럽지역본부, 2019), PR 회사가 법적 책임과 평판의 위험을 동시에 감수해야 한다. 따라서 PR인은 PR 메시지를 잘 만드는 사람도 돼야겠지만 데이터의 수집과 활용 기준을 명확히 이해하고 PR 실무에서 이를 준수하는 윤리적 감각을 갖춰야 한다. PR 캠페인의 효과를 추구하기 전에 PR의 윤리적 정당성을 고려하는 자세가 더더욱 중요해졌다.

디지털 PR의 핵심이 겉으로는 속도와 정밀성에 있는 듯하지만, 실제로는 신뢰와 투명성이 핵심이다. 디지털 시대의 신뢰는 기술이 아닌 투명한 태도에서 나온다. 인공지능은 정보의 생산 속도를 획기적으로 높이지만, 출처가 불명확하거나 조작된 이미지를 포함하거나 맥락 없는 메시지를 퍼뜨릴 가능성도 높다. 따라서 PR인은 PR 콘텐츠의 생성 과정, 데이터의 근거와 출처, PR 캠페인을 전개하는 논리를 명확히 밝힐 수 있는 '설명할 수 있는 커뮤니케이션(explainable communication)'을 실천해야 한다. 특히 위기 상황이나 민감한 이슈를 다룰 때는 인공지능이 생성한 문장을 그대로 쓰기보다 이해 관계자의 입장을 세심하게 고려해 맥락에 맞게 조정해야 한다. 좋은 PR 메시지는 정답을 말하는 데 있지 않고, 사람들이 공감할 만한 정성을 말하는 데에 있다.

인공지능과 협업하는 PR 산업의 미래는 '혼자 일하지 않는' PR다. 전에는 단일 PR 캠페인이나 콘텐츠 제작이 중심이었다면, 이제는 브랜드 전체 메시지의 일관성과 전략적 방향성을 설계하는 '메시지 아키텍트(message architect)'로 PR의 역할이 확장된다. 동시에 PR 캠페인 기획자, 알고리즘 개발자, 브랜드 전략가, 콘텐츠 전문가, 인공지능 전문가가 한 팀으로 움직이는 협업이 일상화되기 때문에, PR인은 하이브리드 협업 구조가 일반화된 PR 업무 모델에 적응해야 한다. PR인은 PR 콘텐츠의 방향성을 설정하고, 기술자는 자동화를 담당하며, 데이터 분석가는 효과 측정을 주도해야 한다. PR인이 인공지능 기술의 맥락을 이해해야 한다면 기술자는 사회에 선한 영향을 미치는 PR의 가치에 깊이 공감해야 한다. 이러한 업무 구조에서 직무별 특성을 이해하고 조율하는 PR인의 지혜와 판단력이 정말로 중요해졌다.

참고문헌

김병희(2021). "인공지능이 바꾼 광고 세상". 《디지털 시대의 광고 마케팅 기상도》, 29~44쪽. 학지사.

김병희(2025). "생성형 인공지능의 슬기로운 활용". 《광고 카피 빛내주는 AI》, 31~38쪽. 커뮤니케이션북스.

KOTRA 유럽지역본부(2019). "EU 진출 기업을 위한 유럽 일반개인정보보호규정(GDPR) 핸드북". 대한무역투자진흥공사.

김병희

현재 서원대학교 광고홍보학과 교수로서 한국공공브랜드진흥원 부원장으로 봉사하고 있다. 서울대학교를 졸업하고 한양대학교 광고홍보학과에서 광고학 박사를 받았다. 한국광고학회 제24대 회장, 한국PR학회 제15대 회장, 정부광고자문위원회 초대 위원장, 서울브랜드위원회 제4대 위원장으로 봉사했다. 주요 저서 및 논문으로는 『광고 카피 빛내 주는 AI』(커뮤니케이션북스, 2025), 『디지털 시대의 PR 용어 300』(학지사비즈, 2025)을 비롯한 70여권의 저서를 출간했으며, "디지털 미디어 시대의 PR 산업 규모 측정 방안"(2025)을 비롯한 120여 편의 논문을 국내외 주요 학술지에 발표했다. 한국갤럽학술논문상 대상(2011), 제1회 제일기획학술상 저술 부문 대상(2012), 교육부·한국연구재단의 우수 연구자 50인(2017) 등을 수상했고, 정부의 정책 소통에 기여한 공로를 인정받아 대통령 표창(2019)을 받았다.

kimthomas@hanmail.net